我是快乐餐饮人

阿依来 快乐来

姜子介 主编

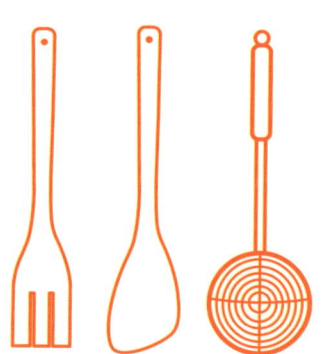

 中国商业出版社

图书在版编目（CIP）数据

我是快乐餐饮人：阿依来 快乐来 / 姜子介主编 . ——北京：中国商业出版社，2021.11

ISBN 978-7-5208-1797-4

Ⅰ.①我… Ⅱ.①姜… Ⅲ.①饮食业 – 企业管理 – 中国 Ⅳ.① F726.93

中国版本图书馆 CIP 数据核字（2021）第 189422 号

责任编辑　朱丽丽

中国商业出版社出版发行

（100053 北京广安门内报国寺 1 号）

010-63180647　www.c-cbook.com

新华书店经销

三河市金元印装有限公司印刷

*

710 毫米 ×1000 毫米　16 开　14 印张　200 千字

2021 年 11 月第 1 版　2021 年 11 月第 1 次印刷

定价：68.00 元

* * * * * *

（如有印装质量问题可更换）

阿依依来价值观

信任 忠诚 守德
坚韧 大我 传承
匠心 创新 成长
共创 共享 感恩
顾客永远正确
员工永远有爱

孟佐 2020.12.22

阿依依来愿景

成为
员工幸福
顾客快乐
最受尊重
的
母婴品牌

孟佐 2020.12.22

阿依依来使命

为员工创造幸福
为顾客创造快乐
为社会创造价值
为企业创造辉煌

孟佐 2020.12.22

推荐序

推荐序

  2018年在北京的课堂上，有一对夫妻引起了我的注意。虽说夫妻一同来学习的学员也经常在课堂上出现，但是这一对的亲密和恩爱程度却非比寻常，给人的感觉就像每时每刻都沉浸在蜜月当中。后来又见了几次，也是每每如此，这给我留下了很深的印象。随着时间的推移，我对他们渐渐地熟悉起来。这对夫妻来自天津，经营的企业叫阿依来，是一家新疆菜餐厅，先生姓姜，爱人姓孟。姜总听课非常认真，课间经常问我许多问题，其中不乏一些深刻的思考。姜总也是一位非常幽默风趣的经营者，每次在台上分享总是让台下乐成一片。而他美丽的太太则非常安静地陪伴在他的身边，脸上总是挂着幸福的微笑。

  几个月前，姜总问我能否为他们的企业新书写一篇序。在收到姜总发来的电子版后，当晚我就仔细阅读了这本书，这是一本关于阿依来企业故事的书，是企业中不同岗位的伙伴写的自己与企业、与同事、与家人、与顾客、与供应商之间的故事，每一个都是真实的故事。书中一个个故事让我内心充满了温暖与感动，虽然写的是餐饮人的工作与日常，但每个故事都有着令人动容的情感与满满的爱！当我读到姜总写的那篇"阿依来的故事"时，瞬间明白了为何他们夫妇俩人在课堂上如此恩爱，原来他们曾经共同经历了生死患难。2012年5月，姜总生

意失败、生命垂危，是他的爱人孟佳不离不弃悉心照料，给予姜总无尽的爱与力量。在爱人坚定的信任和不断地鼓励下，同年12月，姜总带着爱与力量与孟总在天津创办了阿依来——一家因爱而生的企业，一家因快乐而生存的企业。这正如我们一直推动与坚守的餐饮经营信念"幸福餐饮五好生态"，一家餐饮企业的价值就在于能否为利益共同体创造有意义的生态价值。

阿依来以爱为初心，向快乐出发！为同事、为顾客、为身边的人创造快乐，这正是餐饮行业最大的意义和价值所在。阿依来不是以挣多少钱为目的，也不是以做多大的规模为目标，而是以顾客的健康、更多人的快乐为企业经营的目标。正因为有着这样的经营理念，阿依来创造了无限的力量与魅力。员工深深地爱上了企业，从他们所写的字里行间你就能真切地体悟到；顾客深深地爱上了这家企业，他们的多次光顾就已经说明了这一切。餐饮最美的味道是人情味，企业最大的力量是爱，人生最有意义的是快乐！阿依来不仅懂得了，而且做到了！更为难得的是，不仅仅是经营者做到了，就连最一线的伙伴也做到了。这是一家爱与快乐满溢的企业，更多的故事和感动相信你在读这本书的时候都能一一见到……

所以我想邀请你跟我一起打开这本书，这本餐饮人的快乐之书，一家值得餐饮企业学习和借鉴的企业。我相信你定能在这本书里感受到爱的力量、快乐的力量、餐饮人的力量。这本书一定会给你带来更多的快乐与力量，更明确的意义和方向！

阿依来虽不大，却在短短的几年间载誉无数，得到了市场和行业的认可、伙伴的热爱！

阿依来会长久，因为他们以企业的五好生态为经营理念，为他人和社会创造价值！

推荐序

阿依来会越来越好,因为他们有爱。阿依来会越来越幸福,因为他们信奉快乐!

陈新时

汉源餐饮大学董事长

2021.1.16 上海

目 录

阿依来新疆餐厅简介　　/ 1

阿依来的故事　　/ 3

我的阿依来,我的快乐来　　/ 9

阿依来赋予我孝与爱的能力　　/ 24

客人的满意就是我们的快乐　　/ 45

能留下的美好　　/ 52

他乡的故乡　　/ 56

疫情中的爱与温暖　　/ 68

快乐是自己找寻的　　/ 72

一次来自南方的心灵碰撞　　/ 76

我奋斗,我相信,我快乐　　/ 82

老付的快乐事业生涯　　/ 88

生日的梗　　/ 95

拾荒大叔　　/ 99

相亲相爱一家人　　/ 102

小宇宙爆发了　　/ 106

从"丧眼"到"上眼"　　/ 112

哪有什么岁月静好，不过是有人替你负重前行　　/ 116

痛并快乐着　　/ 121

人生的第二所"大学"　　/ 125

五好生态圈之快乐篇——阿依来助我成长　　/ 129

"大个儿"的快乐　　/ 132

不一样的对象　　/ 137

快乐厨房的由来　　/ 141

快乐手环，收获快乐　　/ 145

我和阿依来有个约会　　/ 150

一本青春的书　　/ 154

黄金搭档面点房　　/ 161

异乡的家　　/ 165

我和我的外国兄弟　　/ 170

分享其实才是最大的快乐　　/ 173

工作的意义和价值　　/ 178

阿依来，快乐来，幸福来　　/ 181

5S整家——千锤百炼　　/ 188

恰巧的缘分　　/ 192

因为有你，心存感激　　/ 196

客人眼中的阿依来　　/ 201

阿依来企业文化助力歌　　/ 206

阿依来企业文化迭代小记　　/ 208

阿依来新疆餐厅简介

　　阿依来，在维吾尔语中是"家"的意思。阿依来新疆餐厅，成立于2012年12月21日。现在是天津市知名的餐饮企业，连续三年荣登大众点评必吃榜。阿依来始终坚持以爱为核心，以家为文化。为员工创造幸福，为顾客创造快乐，为社会创造价值，为企业创造辉煌。以工匠精神为标准，从原料的采购，到菜肴的烹制，都从爱出发，为自己最爱的人——顾客，烹制出一道道安全、健康、美味的菜肴。阿依来现已在天津拥有四家连锁店和一家餐饮管理公司。在未来，阿依来将坚实地走好每一步，不忘初心，牢记使命，最终真正成为员工幸福、顾客快乐、最受尊敬的百年品牌。

所获荣誉（摘选）

天津最佳人气餐厅及清真菜搜索点击第一名

天津网络人气餐厅TOP10和天津好味道年度美食金牌餐厅

天津新疆菜系第一名及百度外卖深受消费者喜爱的五星餐厅

大众点评必吃榜餐厅及携程全球旅行餐厅精选榜

大盘鸡与手抓肉上榜津门招牌菜

新疆餐饮协会认证新疆名菜与新疆餐饮名店

新疆美食文化30年国内推广奖、餐饮品牌榜样奖

天津烹饪协会改革开放40年天津餐饮模式创新突出贡献企业

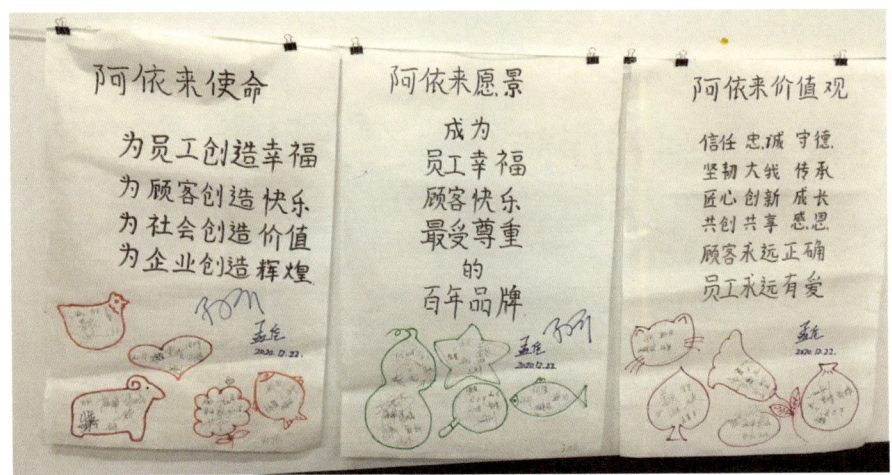

在共创会上由员工誊写的阿依来的企业文化

阿依来的企业文化

阿依来使命：为员工创造幸福，为顾客创造快乐，为社会创造价值，为企业创造辉煌。

阿依来愿景：成为员工幸福，顾客快乐，受尊重的百年品牌。

阿依来价值观：信任、忠诚、守德；坚韧、大我、传承；匠心、创新、成长；共创、共享、感恩；顾客永远正确，员工永远有爱。

阿依来的故事

作者：姜子介

这是一个爱的故事，一个家的故事，一个我的故事，一个餐厅的故事。

我叫姜子介，我深深地爱着我的行业。因为它是一个高尚的行业——餐饮业。为什么说高尚呢？因为"民以食为天"。想把关乎民众"天大"的事做好，首先要具备的就是高尚的人格。因为餐饮行业不仅能满足人们的口腹之欲，更重要的是直接决定着民众的身心健康。所以，从餐厅开业的第一天起，我就始终要求自己和团队，以工匠精神为本，以顾客健康为本，存好心，选好料，用好油，做好饭。所以说，餐饮业是一个高尚的行业。

我的餐厅叫阿依来，维吾尔语是"家"的意思。我和我的爱人孟佳，都算半个新疆人。因为我们的父母当年都在新疆支边，我们都出生在新疆，新疆也就成了我们的第二故乡。

故事还是要从2012年5月开始讲起，那是我第三次创业失败的前两个月，在公司的最后一次董事会上，由于长期承受巨大的压力与过度疲惫，我突然颅内动脉血管破裂，鲜血顺着鼻子、耳朵、嘴巴往外流，我终于明白了什么叫"七窍流血"，也明白了什么叫"生命可贵"。幸好送医及时，医

生说，如果再晚几分钟，命可能就没了。真是不幸中的万幸，让我逃过生死一劫。由于公司濒临破产，当时，连看病的钱都需要透支信用卡支付！我没了房子，没了车子，没了积蓄，没了健康，没了团队，没了事业……在重重打击下，我陷入了长达200多天的反省，那年我35岁。

出院后，我整天把自己关在房间里，一坐就是一天。我不断地反思自己，创业十多年来为什么屡屡失败？过去我每天拼命地工作，不断地学习，在我眼里从来没有节假日一说，每年大年三十到初七，我都会带着公司所有的高管一起开会，计划新一年的目标。现在想起来我真的很内疚，当时没有为他们多想一想，他们也有家人，也需要休息，也需要生活，他们当时只是"敢怒不敢言"而已。但即使这样，我最终的结果还是差点把命搭上。到底哪里出错了呢？当时的我，每天都在不断地自我对话。那是我人生中最黑暗的一段日子。

"祸兮福所倚，福兮祸所伏"，上天给你关上一扇窗的同时，也会为你打开一扇门。就在我人生最低谷、最黑暗的日子里，我收获了一生中最珍贵的宝藏——爱情。过去七年间，一直有一个"战友"，她跟着我一起经历了人生与事业的三起三落，不离不弃。特别是这次，在我住院期间，她一直在照顾我，出院后也一直在鼓励我。每天给我送饭，陪我聊天。

多年后,我问她当时为什么没有走?她说,因为她相信我绝不会倒下。她的信任、关心与鼓励,给了我无比强大的勇气。直到现在每每想起,我的心里都会充满温暖和力量。我暗暗发誓:我这辈子一定要给她一个幸福美满的人生,让她成为全世界最幸福的女人。我当时是那样想的,今天也是这么做的。这个人,就是我现在的妻子,我最爱的人——孟佳。感恩上苍,让她来到我的身边。

2012年12月,在爱情的温暖与滋润下,我从黑暗中慢慢走了出来,我和孟佳决定再次联手创业,重新开始。

重新创业,我们确定了一个原则:用100分的力,做50分的事。接下来就是思考做什么!因为新疆是我们的第二故乡,我们都对新疆有着非常深厚的感情。特别是家乡饭菜的味道,令人永远无法忘记。对我们这些游子来说,家乡饭菜的味道,就是家的味道,就是爱的味道,就是工作疲惫时、遇到挫折时、饥肠辘辘时,最想念的味道。多年的漂泊,让我们就想有一个安稳的家,能够静下心来慢慢体验"家味道"的家。

于是我们决定回到孟佳的故乡——天津,开一家新疆餐厅。2012年12月21日,阿依来诞生了,我们的家也就诞生了。

阿依来是一个家,是一个充满爱的家。我们给这个家做了36年的规

划，为的就是让这个家里所有的人，都能因为这个"家"而快乐。所以我们的口号就是："阿依来，快乐来！"让员工快乐，让顾客快乐，让供应商快乐，让合伙人快乐，也就成了我们的初心。

阿依来的目标是做"百年老店"，所以在过去的八年间，阿依来稳扎稳打，夯实基础，提升专业水平，创建团队，完善系统！在开了第一家店后就成立了管理公司，开了第二家店后就进行了内部股改，开了第三家店后就创立了企业大学，开了第四家店后建立了配送中心。阿依来始终保持着管理运营的高配力量，那就是我们的创业原则："用100分的力，做50分的事。"

事实证明我们的观念是对的，在开业的第二年，阿依来即获得2014年天津最佳人气餐厅及清真菜搜索点击第一名的荣誉称号；2015年获得天津网络人气餐厅TOP10和天津好味道年度美食金牌餐厅荣誉称号；2016年获得天津新疆菜系第一名及百度外卖深受消费者喜爱的五星餐厅荣誉称号；2017年获得大众点评必吃榜餐厅及携程全球旅行餐厅精选榜荣誉称号；2017年大盘鸡与手抓肉也上榜津门招牌菜，同年，又获得新疆餐饮协会认证的新疆名菜与新疆餐饮名店及新疆美食文化30年国内推广奖、餐饮品牌榜样奖等荣誉称号；2018年再次登上大众点评必吃榜并且获得了第一名，同年获得天津烹饪协会改革开放40年天津餐饮模式创新突出贡献企业称号；2019年第三次登上大众点评必吃榜。值得骄傲的是

过去八年,我们在大众点评上所得的评价中,从来都没有低于五星好评!最主要的是,我们建立了一支目标统一、团结一致、好学上进的队伍!

荣誉是过去努力的结果,也是阿依来人努力的印证。我们昨天的努力,是为了今天走得更稳,是为了明天走得更远。阿依来人的努力方向,就是要发扬工匠精神、创新精神和感恩精神,认认真真练内功,让我们的系统迭代升级,让我们的运作更加流畅高效。

我们要做好随时冲刺的准备,而实际的结果就是冲刺的发令枪。结果的评判标准就是:顾客是否深爱着我们,门店是否能持续排队,顾客对我们是否零投诉,大众点评综合评分是否能达到4.92以上,每家店是否都能成为百万店,阿依来兄弟姐妹们的收入是否一年比一年高,合作商和我们是否能实现共生共赢。

展望阿依来的明天,我们充满了斗志与力量。2020年,虽然疫情使我们损失惨重,但我们阿依来没有害怕,因为我们没有荒废时间。我们通过源全5S餐饮管理系统的三次严格考牌,成为天津餐饮行业第一家5S标准示范店,在完善了门店软硬件复制标准的同时,又引入了汉源餐饮大学的感动服务体系、运营体系、多元化激励体系。更重要的是,公司所有管理层都参加了汉源餐饮大学的MBA系统学习,所有高层和管理骨干都参加了汉源餐饮大学的EMBA系统学习。阿依来有这么多专业的管理系统做保障,有求知奋进团队的齐心协力,有阿依来这个大家庭的爱,有"阿依来快乐来"的定位,有几十万粉丝的大力支持,我坚信,阿依来一定能成为天津新疆菜的头部品牌,甚至有一天能成为中国新疆菜的头部品牌……我们接下来的目标是冲刺"黑珍珠",然后成为"米其林"!同时,在这里我要特别感谢汉源餐饮大学,感谢陈新时老师、赖林胜老师、谭淑玲老师、王永潽老师、李展鹏老师、李泉锌老师、卞志汉老师、张韵如老师、斯超老师、李雷老师、陈巧英老师……还有很多在幕后付出的所有汉源的小伙伴们,他们不但给予了我们最专业的知识与工具,还让我们感受到了作为餐饮人的幸福和快乐。

回想八年前,是爱让我鼓起勇气,是爱让我拥有了幸福的家,是爱让我拥有了热爱的事业,而这一切都源于我最深爱的妻子——孟佳。我要把这份爱,转换成对团队的爱、对顾客的爱、对供应商的爱、对合伙人的爱、对社会的爱、对国家的爱。

在阿依来未来的发展道路上,我们前进的方向只有一个:让顾客深爱。

所谓"不积跬步,无以至千里。不积小流,无以成江海"。因此,我一直告诫自己和阿依来的全体家人,阿依来不是要开一百家两百家店,阿依来的目标是要存在一百年两百年甚至更长的时间。所以在我的有生之年,我要和我的阿依来团队,尽我们的全部力量,最终把阿依来打造成为员工幸福,顾客快乐,最受尊重的百年品牌。

和阿依来品牌顾问王衍东在年会上

我的阿依来，我的快乐来

作者：王衍东

辽宁沈阳人，现任阿依来品牌顾问，导师班培训师。

座右铭：懂得感恩的人，是世界上最幸运的人。

我叫王衍东，任职于天津阿依来新疆餐厅。我的职务是企业的品牌顾问和家族导师班的培训老师。其实，说起"品牌顾问"，我是不够资格的，如果说在老板需要的时候，帮着来点脑力激荡或灵感碰撞什么的还可以。说到头，就是企业给我的荣誉、信任和鞭策。

非常幸运，长这么大，没想到还能成为本书作者之一。这是老板对我的信任与认可。所以，我非常开心。

这本书，从书名上就不难看出，和"快乐"有关。

那什么是快乐呢？或者说，人怎么样才能快乐呢？

穷，有钱了，就快乐。

馋，有美食，就快乐。

病，康复了，就快乐。

恋爱，休闲，旅行，成功，运动，实现梦想，收到礼物……

太多了。

我总结了一下，快乐就是在生理与心理上获得满足，而导致开心、愉

悦的一种感受。

那对于我来说,阿依来,究竟满足了我什么呢?

第一,金钱

有这样一句话,"谈钱很俗气,没钱很生气"。现代社会,没有钱,你几乎无法生存,或者寸步难行,就更别谈自己的兴趣、爱好、梦想了。

十六年前,我在建行工作,后来下海经商。冥冥之中,也许就是缘吧,下海后,在北京遇到的头一个带我的老师(教我做生意的),就是今天阿依来的老板——姜总。一直到今天,我都称他为"老师"。

我离开建行这么多年,基本上赚多少花多少,没有积蓄。说白了,也就是没赚过啥大钱。甚至一度靠信用卡透支生活,那段时光,是我人生中最黑暗的时光。

2015年5月中旬,姜总打电话给我,问我工作的事(因为我们好多年

阿依来年会上的身股分红

没在一起共事了),我说不太好,自己勉强糊口度日。姜总说,来阿依来吧。

那一天,我真的非常开心。因为,我的工作有着落了。更重要的是,能和我的老师在一起工作。姜总,为人正直,没有老板的架子,待人和善,为人大方,有社会责任感、使命感,最重要的是,他认可我。和姜总合作,我会有一种成就感,因为我所做的东西,他都很满意。

从那以后，我就有了稳定的收入。

而且，随着阿依来的快速发展，我也有了身股和投资的机会。说白了，阿依来这样的黑马，让你投资，就是直接给你分钱。其实，这都是我们的老板对我们这些兄弟们的情谊。我收到了，我相信所有的阿依来兄弟姐妹们也收到了。

记得有一次和姜总聊天的时候，我问他：您经营企业最担心的是什么？他回答："我最担心给大家工资发晚了。"其实，这是一件很小的事，但在姜总心里却是大事。这件事，所有阿依来人都知道。如果哪天因为银行或系统出现问题而导致晚发工资，姜总就会一遍遍地跟会计确认，哪怕是到半夜。姜总为什么这么做？其一，他是一个信守承诺的人；其二，他心中有爱。什么是爱？就是能为别人着想。

我现在在阿依来，是我长这么大收入最多的时候。日常的开销、老妈的医疗费用、带老妈自驾游，偶尔还能在淘宝上给自己买点小礼物，等等。我赚的钱还能有富余，阿依来开新店，我还有能力投一点资。所以，我对我现在的收入非常满意。

而在姜总看来，我们阿依来的兄弟姐妹们的收入还只是刚刚起步。

包括身股，按理说，以阿依来现在的体量，是根本不具备条件发身股的，但是我们的老板愿意这么做，愿意从兜里把本该属于自己的钱拿出来分给兄弟们。这就是他们的格局。所以，我们愿意追随他们。

跟着阿依来，有钱赚，我开心。

第二，成就感

马斯洛的五个需求层次中，高层次的需求是心理方面的需求。比如尊重、自我价值实现。

阿依来，首先满足了我的底层"生存"需求，同时又满足了我高层次

的心理需求——成就感。

我的另一位老板,也就是姜总的夫人——孟总。孟总是一位美女,和姜总在一起,真的般配。那真是英雄配美人,郎才女貌。

我和孟总认识也有十多年的时间。当时她还是一家美容院的老板。十多年前的一次机缘,我到天津给孟总和另外几家美容院的员工做三天两夜的培训,也就是从那开始认识孟总的。

真是缘分呀。没想到有一天,我们会成为"一家人",我会来到她的企业,成为她企业的专职培训师。

我在阿依来五年多时间,导师班、家长会的培训,累积起来也有几百场之多,每次都是大半天的课程。人数从十几人到几十人不等。导师班,让很多人受益。当然,最大的受益者是我自己。

刚开始做导师班,对我来说,就只是工作而已。因为我以前就是做培训的。而后来,我发现,通过导师训,好多小伙伴发生了改变。他们变得积极了,变得爱笑了,变得爱说话了,变得看见我都非常愿意打招呼了,变得能站在众人面前滔滔不绝地演讲了,变得更自信了……有些小伙伴一开始只是一个普通的服务员,后来变成了领班,主管,甚至经理。说实话,我真为他们高兴,同时,自己也感到非常的自豪。

导师训上与家人们欢乐地互动

我记得有一次开管理组会议,参会的人都是企业的高管,我也在场。姜总当时跟我说了一句:你别忘了,这个房间里所有人,可都是你的学生

呀。哈,我听到这句话的那一刻,我的自豪感、成就感,瞬间爆棚。

通过阿依来,通过导师班,我找到了一种快乐——成就别人的快乐,帮助别人的快乐。所以,通过阿依来、导师班,我找到了我人生的价值与意义,找到了我接下来人生的目标,那就是通过我的努力,通过我的课程,让更多的人受益,让更多的人改变,让更多的人获得快乐。而当我看到他们因我而改变,因我而快乐的时候,就是我最有成就感的时候。

所以,什么叫快乐?我认为那就是成就感。

第三,尊重

来到阿依来的人都知道,姜总、孟总都把员工称作"孩子"。当然,他们没这么称呼过我,可能是我太老的缘故吧。还有,如果谁犯了错,姜总最多会说:如果我发现谁再这样,我就打他的屁股。

事实就是如此。反正我从来没听他们说过脏话,哪怕在私底下,我也没听到他们骂过人,即使是很生气的时候,也从来没有过。这一点让我非常敬佩。反正我是做不到的。

老板骂人,在有的企业是很常见的事。但他们从来就没骂过人,甚至没有大嚷大叫过。我也犯过很多错误,但我记忆最多的是姜总总是说:虽然你有错,但这事我也有责任。说真的,这种老板,只有在电视剧里看过,而这种品质,就叫担当。

我每次都是乘坐高铁来阿依来培训,到了天津,我晚上就会住在姜总家。我还没上火车,他们就开始问我:什么时候到,要不要准备吃的,晚上要是饿了,冰箱里有吃的,天冷,来这边多穿点,晚上来得晚给你留门,等等。他们夫妻对我非常客气。这么多年了,我每次见到他们,他(她)们都会给我一种力量,一种温暖。每次见面,姜总都会扬起他的大手,我俩来一个击掌式的握手,我回沈阳的时候,也是这样。那一个击掌,在我心里,第一是认可,好像在说"兄弟加油",或者"兄弟,见到你真开心"。第二,就是关心,"兄弟,多多保重""兄弟,早点回来"。我不知道他跟其他人是不是也用这种问候方式,但是至少在我的人生里,我只和他这样。

跟他们夫妻在一起工作,我没有压力。很多工作上的事,都是我主动问他(她)们俩,大多是晚餐时,因为只有那个时候,我们才会坐在一起。所以,跟他(她)们在一起工作没有压力。而且他(她)们和我沟通的时候,都是非常客气,有时把我搞得都不好意思,我有时甚至会说:您只需要通知我一下就好,您太客气了。

家长会转正

他(她)们说话和缓,不紧不慢。你为他做什么,他都会说谢谢。甚至还会为你服务。

所以,我非常愿意在阿依来工作。因为,在这里"没有"老板,只有伙伴,只有家人,我备受尊重。

尊重,是用钱买不来的。这也是我最在意的事情。

在阿依来,我获得了满足,所以我很快乐。

第四，感恩

我的老妈，患有阿尔茨海默病三年多了。一路走来，经历了好多艰辛磨难，还好，老妈现在病情稳定，身体也一点点康复起来。没有阿依来，肯定就没有现在的结果。

因为，首先，我需要钱。老妈在患病期间（住院一年），每月住院费近6000元（不算药费），陪护大姐每月工资5000多元。这两个加一起就1万多元。其他的费用，如买药、吃饭、生活等，包括我自己的固定支出、医保、社保，等等。如果没有阿依来的稳定收入做支撑，我不知道老妈和我的生活会是什么样。

其次，精神上的支持。照顾老妈异常艰难和辛苦。因为人的体力与精力是有限的。有好多次我真的是挺不住了，精神、体力、耐心、等都很受煎熬。最后，我只能找姜总帮我做心理疏导。姜总是修行之人，智慧过人。没有他们的疏导，我

2018年我和老妈在呼伦贝尔大草原

真的不知道今天会是什么结果。现在，我每天都会给老妈无数个吻。我吻老妈的时候，老妈也非常开心。而这一切，我以前是做不到的。所以，我非常感谢他们。

记得在2019年年初的时候，老妈肺部感染，情况非常严重，已经上了

我是快乐餐饮人
阿依来，快乐来

心电监视仪与氧气瓶，我真的不知道老妈是否能挺过来。后来老妈进食都需要靠鼻饲管。还好，后来老妈奇迹般地恢复了，到现在已经可以正常地用嘴进食了，鼻饲管也早就拿掉了。后来姜总就跟我说：你知道你老妈为什么能挺过来吗？其实，很大一部分原因，是因为你变了。

是呀，我是变了，我变得积极正面起来，我变得爱笑起来，我变得更爱我的妈妈，我变得可以理解他人，我变得更有耐心……

而这一切的改变，源于姜总、孟总，源于他们的以身作则。

每次上课的时候，我都会说：我在阿依来，最大的改变就是我学会了感恩。而这一切，都是因为姜总、孟总对大家的爱，对大家的关心，我学到了，感受到了。

懂得感恩，应有尽有，不懂感恩，一无所有。

懂感恩的人，全世界都在帮你。

我曾感悟到一句话：如果活着就值得感恩，那其他一切都是值得的。

而这句话，如果不懂感恩，我是悟不到的。

所以，我每天醒来的时候，都充满了感恩和快乐。

这是我以前绝对做不到的。

阿依来，让我快乐了起来。

第五，格局

说实在的，说到导师训，我的心里一直有一个梗。我并不是说我的培训水平有多高，但是阿依来导师训的模式、环境，的确是影响和改变甚至成就了不少人。曾经有一个员工离职了，他也是导师班的学员。他离职后，到另一家公司上班，获得了他们单位某次演讲比赛的第一名。他给我看了奖状，并对我说：老师，这都是您教给我的。我回复他说："不用感谢我，在阿依来，培训员工，只是我的工作。而真正教会你的，是导师班，是阿依来。我只希望你有一天，成功了，别忘了阿依来。"

而这就是我心中的那个"梗"——培训完，人"跑"了。

有一天早上，我在姜总家吃完早餐，姜总开车，我们一起去公司。在车上，我们闲聊时我就说到这个"梗"。我说：有一件事我很遗憾，真的有好多的"苗子"，非常优秀，在导师班表现特别优异，也有天分。只可惜，培训完了，就都走了。阿依来，有时候就变成了别人家的"培训基地"。

姜总沉静了片刻回答说："这件事，我们真的是没有办法的。我相信因果。你还记得捡海星的故事吗，救一个算一个。而我们，就是帮一个算一个。因为我相信因果。"

附：捡海星的故事

我是快乐餐饮人
阿依来，快乐来

一天，一个年轻人在海边散步，发现一个老者把海浪冲到沙滩上的海星拾起来，丢回海里。于是年轻人就奇怪地问：老先生，您在做什么？老者：我在救海星呀。年轻人：这么多海星您能救过来吗？老者：救一个算一个。

有这样一句话，格局决定结局。我想，类似这种"梗"的事，在阿依来，绝对不止发生在导师训上。而阿依来，从一家小店，短短几年，就成为连续三年荣登大众点评必吃榜的餐厅，我想，这个结局，一定是来自二位老板的格局。

而他们的这种想法，也让我对培训、对工作，有了新的看法。

很多时候，你累，是因为你站得太低。

当你站得足够高，一切的问题，就都不再是问题。而那种高度，就叫作格局。

无论是工作，还是学习，当你有了格局，你的烦恼自然就会少很多。

所以，面对同样一件事，以前我是烦恼的，现在我是轻松的，是快乐的。而这个快乐，就来自阿依来、来自姜总、孟总他们的身体力行。

第六，大爱

阿依来的企业文化核心是"爱"。

有这么一句话，企业的文化，就是老板的文化。

这句话，用在阿依来身上，真的是一点不假。

姜总、孟总，他们俩真的是有爱的老板。

这里，我说四件事。

第一件事，扶贫助学，捐款公益。我们公司帮扶了承德山区的一个村子里的孩子，每年都给他们送去粮油、食品、书包文具、助学金等。

姜总带领阿依来团队到承德碾子沟扶贫助学

第二件事，他们夫妇俩接触到泰国一个给身体排毒的老师，费用很高，但是效果非常好。于是，他俩就拉上公司的高管，去做排毒。当然，他们承担了大部分费用。

目的是什么？就是想让大家健康。说真的，没见过几个老板，能在员工的健康上花这么大心思。

第三件事，把天然含硒矿泉水引入天津。其实，一瓶水卖2元，即使无成本2元全赚了，一天能卖多少瓶，能赚几个钱。而姜总、孟总愿意租仓库，愿意花钱请物流，送朋友，店内给顾客打折（不赚钱，赔钱），工作当中有很多场合员工都是免费饮用。目的是什么？就是想让大家更健康。因为这个水叫润田翠，它来自江西明月山一个叫温汤镇的地方。这个地方的矿泉水，在中国境内是独有的，天然含硒。而阿依来把这个水引入天津，目的不是赚钱，而是为了把好的东西，分享给更多的人。这就是利他，这就是积德行善。

第四件事，也是最重要的一件事。

2020年，新冠肺炎疫情暴发。首当其冲受到疫情影响的行业，就是

我是快乐餐饮人
阿依来，快乐来

餐饮业。因为，大家都躲在家里，不能出门，更不能聚餐。一时间，不知道多少家餐厅倒闭了。

当时，正好赶上春节，餐厅里该备的货都备了，该进的东西都进了，该发的钱都发了。就等顾客上门了，可是没有人来。

当时，很多餐厅都停业，阿依来也一样。有些餐厅把多购进的菜，拿到街上去售卖，因为这样可以减少损失。而阿依来呢？姜总、孟总做了一个决定，所有的东西，不许卖，全部放入我们自己的冷库当中，储存足够多的食品。

阿依来储存食品的冷库

做什么？给我们的"家人"吃。这个"家人"，不是他们俩自己家的人，而是全体阿依来人。

因为当时的情况，很多地方都停止了客运。所以，很多人根本没办法回家。这时候，吃饭怎么办？住宿怎么办？生活怎么办？别怕，有家。这个家，就是阿依来。

借用我们采购部负责人转述当时姜总的命令。他说，当时他接到了姜总的一通电话，电话内容总结下来只有一道工作指令："通过各种保证食品安全的途径，不论花多大代价，购买米面、蔬菜以及肉类，以此保证每一个阿依来人的温饱！"

阿依来，在维吾尔语里就是"家"的意思，而此时，阿依来的这个含义，像金子一样熠熠生辉，将阿依来的家文化，体现得淋漓尽致。

写到这，作为一个阿依来人，虽然当时我在沈阳，但我依然倍感激动。

其实，这还远远不够，在疫情防控期间，最紧缺的东西，有可能还真的不是食品，是什么？对了，口罩。

口罩，真是你有钱都买不到。

当时，为了给阿依来的兄弟姐妹们提供口罩和消毒的酒精等必备品，姜总动用了一切资源，从日本、泰国、美国、韩国等地不断购买进口口罩及消毒酒精等。据店里的员工回忆，当时N95口罩要100多元一个，一次性医用口罩30多元一个。当时姜总、孟总花了几十万元购买这些口罩。因为这些口罩一两天就要更换一次。每天姜总都要自己开着车，去到各家门店，冒着被感染的风险，给大家送口罩。

新冠肺炎疫情防控期间，姜总、孟总亲自开车到店里送口罩

说真的，这不是因为他们有钱，这个和钱一点关系都没有，这个真的和"大爱"有关。如果没有爱，多花一分都心疼。如果有爱，即使倾囊相赠，也在所不惜。

而他们就做到了。我敬佩这样的人。

疫情防控期间,整个社会都好像按下了暂停键,这时就看大家的储备了。自己的钱,自己的粮,自己的口罩。说真的,每一个人都很难,包括姜总、孟总,阿依来天天只出不进,消耗巨大。阿依来100多位员工要吃、要喝,还要发工资。

很多餐厅都是裁员,遣散。而阿依来,没有拖欠员工一天的工资。后来,疫情过去了,了解内情的人才透露,姜总、孟总为了保证大家的正常生活与收入,不得已将自己的房产进行了抵押……

其实,我在上课的时候,我对疫情做了个比喻。

当时的疫情,就像是一片沙漠,我们身陷其中,而这一队人,就是阿依来的所有人,包括两位老板。这个沙漠怎么走出去,什么时候能走出去,谁也不知道。

而此时的财力、口罩、食物……就是沙漠中的水。

在沙漠里,愿意把自己的水给你的人,就相当于他愿意把自己的生命拿出一部分给你,这样比喻一点不过分。

这是什么,这就是真正的大爱,这就是真正的舍己为人的大家长。

如果这样的人你不去追随,那么你还要去追随什么样的人呢?

如果这样的人你不去结交,那么你还要结交什么样的人呢?

如果这样的人你不去相信,那么你还要相信什么样的人呢?

和这样的人在一起,踏实。

踏实,你才能乐出来。

站在悬崖边,给你再多的金子,你也不会觉得安全。

因为你担心,金子的重量会压断悬崖。

所以,快乐的根本,是安全,是踏实。

而这种踏实的快乐，阿依来给到了我们。

好了，故事说到这里，就要结束了。

其实，受篇幅所限，还有很多关于阿依来的快乐没有道尽。

但，这里的每一件事，都是真实的，没有半点夸张，没有半点虚假。

你说我在为阿依来歌功颂德。没错，我就是在为她歌功颂德。

为什么？因为我爱阿依来。

因为，阿依来，改变了我的生活，改变了我的人生。

如果你愿意，你可以来阿依来体会，甚至来这里工作。

我们欢迎您的到来。

我的阿依来，我的快乐来。

有缘再见！

我是快乐餐饮人
阿依来，快乐来

阿依来赋予我孝与爱的能力

作者：高洋

甘肃陇南人，现任管理公司运营部行政总厨。

座右铭：每一天，不管用什么方式，我都会变得越来越好。

我想每一个出门在外拼搏的人都有一个愿望，把老婆孩子和父母接到身边，一家人团聚，其乐融融，生活幸福美满。这也是我一直以来的愿望，可是如何实现呢？

我叫高洋，出生在甘肃陇南的一个小县城里，小时候家庭情况不是很好，我是家里老大，还有一个妹妹、一个弟弟，2005

高洋

年初中毕业,我虽然考上了高中,但是由于家庭情况,我不想给家里增加负担,便毅然决然地选择放弃学业,出门打工。

刚步入社会的时候,干过工地,干过装修,摆过地摊。混了半年多,感觉到没有知识,没有一点手艺,在这个社会上是很难立足的。在选择行业时,由于我是回族的原因干别的行业吃饭很不方便,再加上自己在家也喜欢瞎捯饬吃的,对好吃的很有兴趣。一个偶然的机会,陕西中北技术学院在我们县城招生,可以免费去学校参观,我就跟着去看了,来到学校,他们表演拉面的场景吸引了我。在和家人商量后,我最后选择了厨师行业。

就这样我上了两年烹饪学校。上学的学费是父母省吃俭用辛辛苦苦攒的血汗钱,我暗下决心不能浪费父母的血汗钱,一定要好好学习。在学校我学习非常认真,非常刻苦,成绩也非常优秀,得过很多奖。

毕业后进入饭店工作,本以为自己很厉害,进入饭店才发现自己学的只是最浅的最表面的一些基础知识、理论知识。在实际工作中根本得不到应用。我的工作只能是当学徒。找工作的时候才发现菜系之间有很大的区别,每个饭店之间都有很大差别,完全颠覆了我对厨师行业的认知。我很无奈,进入饭店又从学徒开始,一步一步从杂工到砧板,再干打荷,学过凉菜,干过烧烤,做过面点,一直干到炒锅。

在这学徒的四年中,由于自己特别想挣钱,想改善家庭情况。于是我有了不切实际的想法,用自己辛苦挣来的工资买彩票,只想一夜暴富。这个结果就不用说,当然很糟糕。买彩票不但不可能赚到钱还赔得一塌糊涂,还欠了朋友很多钱。

我记得特别清楚,2008年10月6日下午感觉非常好,把所有的1400多元钱全部买了彩票(2008年汶川地震我们家也是受灾区,家里要修房子,需要钱,想着中奖了就把钱给家里)。第二天一大早去兑奖,结果一毛钱都没中!那天想了很多很多……自己走在宝鸡的胜利大桥上,那是我走

我是快乐餐饮人
阿依来，快乐来

过最"长"的最痛苦的一座桥，我边走边哭很伤心，很懊悔，很无助，从上学到打工的四年没给家里一分钱。自己辜负了父母，浪费了他们省吃俭用辛苦攒的血汗钱。我站在桥上放声大哭，责骂自己！我怎么了？我怎么成了这样一个没有良心的人？世界上没有后悔药，如果这四年没有异想天开，踏踏实实挣钱给家里也许可以帮助家里一些。那种伤心、后悔久久不能平静。

平息以后开始反省，妄想天上掉馅饼的事情是不会发生的，即使发生也掉不到自己头上。

我要重新开始，好好工作，靠自己的努力实实在在地去争取。宝鸡是一个小城市，清真餐厅本就不多，再加上自己一心只想买彩票中大奖，工作做得也不好，老是离职换工作，大一点的餐厅都干过，没好好工作给人家也没留下好印象，我该怎么办？就在这时北京的一个同学打来了电话，我们聊了很多，同时也了解到他们在北京混得不错！

我决定！我要去北京！

我要去更大的城市，学更多的东西让自己有能力挣到更多的钱，让父母让家庭过得好一点。我用兜里朋友借给我吃饭的两百块钱买了一张去北京的火车票花了170元，买了两个袋装的、一个桶装的泡面花了10元，还剩20元钱。兜里装着唯一的20元钱坐上了去北京的火车。

火车一路向北，哐当……哐当……那一夜思绪万千，想了很多过去，想了很多未来，2008年10月8日上午12点多到了北京。

在北京开始了所谓的求学模式，第一家店是清华大学西门的十二木卡姆（现在的巴依老爷），后来还干过老北京菜馆、传统清真菜馆、拉面馆、清真海鲜馆、烤鸭店，在这一年多的时间里换了七八家店，每一种菜系都熟悉，但都学得不精，找工作时一试菜做得很一般，导致工资不高。我就琢磨这样下去还是不行啊！啥时候才能挣到钱？

在一次和朋友聊天中知道了要想拿高工资,得去大酒店"镀金",就是去大酒店上班上一段时间离职找一个小店。说在某某酒店上班的,工资就高。我就去应聘北京有名的清真饭店,各种碰壁,我才真正地意识到,要静下心来学东西、学手艺,只要自己手艺好了去哪里都是高工资。托朋友帮忙介绍优秀的餐厅,无论干啥只要进去只要能学东西就可以。终于经人介绍进入了牛街的喀什饭庄,做打荷。

这一次才是真正的求学模式。放下以前的无知,研究他们的菜单,每天早上七点就上班,别人还没来上班,我的本职工作都做完了,做完自己的本职工作,才有时间看师傅加工东西,学习想学的东西。帮别人切菜、揉面、串羊肉串,一次洗200多只鸡,宰鱼,洗肚子(洗鸡洗羊肚子到现在都有阴影,那时候洗的羊肚子都是带着羊屎的,只有将新鲜的肚子处理干净,做出来的菜才好吃),没人干的活我都干。那时候好多人说:"你傻呀,天天来这么早干活,老板是你爹啊。"我只是呵呵一笑,我明白自己想要什么,我知道只有这样做师傅才高兴,我才有机会学到技术。在工作的过程中啥不懂就问啥,晚上回到宿舍别人都打牌,去网吧打游戏,玩手机,我认真地做笔记。终于我的勤奋被一位炒锅师傅看在眼里,有一天中午给了我做员工餐的机会(那时候员工餐都是抢着做的,没有关系,没师傅带,锅都不让你碰),我深知机会不易,我很认真很用心地做了员工餐,大家吃饭的时候厨师长说"谁做的员工餐还挺好吃的,以后跟着做员工餐吧"。

我的春天来了,终于可以加入做员工餐的行列,慢慢地大家都觉得我做的员工餐好吃。慢慢地,在忙的时候帮师傅焯水,过油,早上帮师傅加工东西,有了碰锅的机会。没事了就找师傅探讨做菜的技巧,看师傅们的笔记本,借厨师长的烹饪杂志学习,休息了就去西单图书大厦、王府井书店看烹饪方面的书。现在还记得西单的烹饪书在四楼的哪一个货架

我是快乐餐饮人
阿依来，快乐来

上，王府井的书在哪里放着。通过不断地学习，我一点一点掌握了做菜的技术和精髓。在这大半年的时间里真的学到了很多东西。后来有一位师傅离职了，有一天特别忙，同事小王被安排上灶，他炒菜时不会炒，我在后面给他讲，被厨师长发现了，那天下班前厨师长让我上去炒两个菜。我的机会来了！由于平时很用功，我的表现很出色，得到厨师长的认可，第二天我被安排上灶了，我刚上灶的那段时间所有加工的东西都是我来加工，就这样一步一步从最初焯水过油，到炒拌面菜、素菜、肉菜，直到做大盘鸡。经过这半年的历练自己的炒菜水平有了很大的提高，工资也涨了很多。

可是离把父母接到身边，一家人快乐地生活还是差得很远很远。我想学更多东西，挣更高的工资。后来经厨师长介绍去了更多的大型饭店、星级酒店，学会了制作高档菜品，掌握了更多做菜技术。经过三年多的打拼，手艺更好了，工资也更高了。

每当走在北京的大街上，看着来来往往那么多豪车，马路边那么多洋房。就在想那些成功人士，人家怎么那么有本事？他们怎么有那么多钱？他们是怎么挣到这么多钱的？我怎么能挣到更多的钱？这样下去我啥时候才能把父母接到身边报答父母的养育之恩？一连串的问号出现在我脑海里。

我开始查阅成功人士的成功之路，像李嘉诚、比尔·盖茨、巴菲特、王健林等有钱人是怎么变得那么有钱的。查了又查，看了又看后，发现他们有一个共同特点——创业！这使我萌生了创业开饭馆的想法！

说得简单，拿啥创业？拿啥开馆？怎么创业？做啥？怎么做？又一串问号。想创业，想当老板，得有资金吧，得有人吧！得有经验吧！我慢慢分析，开始计划，攒钱，和同事朋友交流经验。在2011年到2013年这两年里，我在小店做过厨师长，和人合伙包过厨房，被别的饭店高薪挖过去，

做过菜品指导，利用休息时间跑市场看原材料，跑厨具城、家具城、牛羊肉市场等。了解开饭店经营所需的一切，观察饭店老板一天都干啥，和饭店老板聊天了解营业执照、工商税务、证件办理、饭店选址等问题。和认识的师傅们交流经验，和经理、店长了解如何做营销活动，平时多观察生意火爆的店，等等。看着别人店的生意越火爆，自己就越着急，终于在2013年6月1日决定辞职，由于自己的资金有限，就想和朋友一起合伙开一家饭馆。6月的北京已经很热了，每天在大街上走十几二十公里，找门面选地方，看有没有合适的门面房转让，为了省钱，渴了就找厕所，趴在水龙头上喝水，1天、2天、3天……到第17天的时候谈好合作的伙伴退出了，太热，太累，不仅没找到合适的房子，每天不挣钱还花了不少钱。剩我一个人了，孤独、无助，又多了一份无奈，想要干点事想挣钱咋就这么难呢？我都这么吃苦了还不够吗？

　　后来我爸说："你回来吧，回老家开饭店也很好，在家里有点啥事好相互照应。这么大年纪了该找媳妇儿了。"想想也是，这些年在外漂泊，父母年纪也大了，自己也老大不小了。谈了两年的女朋友也该见见公婆了。就这样回家待了一个多月，看了好多项目，实在是小县城人太少了，消费又低，不是我想要的那种结果。

　　后来我决定还是回北京好好上班，攒钱，还是得在北京干。我一个人来到北京，借宿在朋友家里。开始找工作那会儿，主厨月工资一般都是5000元、5500元。我的目标是挣钱，想找工资更高的。有位朋友说："天津有个地方，你去看看。"我一听天津，算了，不去，那么远人生地不熟的，一口回绝了，过了两天他又说："你去吧，那个田师傅天天给我打电话，你闲着也是闲着，去看看老周，顺便去看看那家店，听说还不错（老周是军垦宾馆的厨师长，我们都是好朋友）。"每天住在别人家里也不好意思拒绝，我就答应去看看。

我是快乐餐饮人
阿依来，快乐来

  这一看成了我人生最重要的一个转折点。一切要从2013年9月10日说起，这天一早我坐上去天津的高铁，这是我第一次来到天津，下了高铁来到老周上班的军垦宾馆，见面后，正在聊天吃饭，一个胖胖的师傅笑着进来了，老周介绍说这就是田师傅，简单地介绍了一下。田师傅特别爱笑，感觉他特别高兴的样子，田师傅说："我经常听他们说你，今天终于见到本人了。"田师傅给我介绍了阿依来的情况，吃完饭带着我去坐地铁，这是我第一次坐天津的地铁，地铁票是一个绿色的一块钱硬币大的圆片。下了地铁又倒公交车来到了奥城。

  这是我第一次见到咱们的大家长姜总，姜总很特别，给我感觉很亲切，很随和又很有气势，不同于别的餐饮老板。我们没有在店里，是在奥城的广场上，姜总给我和田师傅介绍了阿依来的情况、未来的规划、如何做大做强、如何做品牌、做连锁。当时我觉得这个老板挺有意思，从来没听过一个老板想得那么长远，计划得那么细致。我也介绍了一下自己的从业经历，想要把工资谈高一点。没想到姜总像看透了我的心思，说："工资不是问题，厨师长8000元，主厨6000元，你们觉得怎么样？"我有点不好意思，说工资没事，看手艺。我说给您炒几个菜您试试。姜总笑着说不用，我相信你们。接下来，姜总给我们介绍了阿依来现在的情况、厨

2017年10月姜总在沈阳浑河公园

房的问题，给我们一个星期的时间筹备人员。和姜总交谈了两个多小时，互留了联系方式，姜总还请我们喝饮料。道别后走在路上，我一直在想姜总讲的规划，我很好奇，也很惊讶，觉得这位老板不一般，想事很长远，很有魄力，很有才华。我觉得我一定能在这里学到我想不明白的东西，我的问题会在这位老板这里找到答案。

9月16日下午我们来到阿依来，姜总请我们吃饭，喝的是茅台酒，这是我第一次喝整瓶的茅台酒，以前都是服务员收的客人没喝完的给厨房，我喝过几次。晚上姜总安排我们住在奥城后面的酒店，而且一住就是五天，我很纳闷，以前也换过厨房的人，也被别人换过，都是第二天被全部清出宿舍，新来的一批人搬进去。前一批人瞬间没有着落，更没有人管你。

住酒店第三天时我就问姜总，讲了我的想法："每天这么多人住酒店可是一笔很大的开销啊，您告诉他们赶快搬走，我们搬过去这样省不少钱呢，以前干过的地方都是这样的。"姜总说："别人怎么做我不管，我不能这么做。我也不想换人，虽然不合作了，但当初是我从新疆把他们请过来的，我要给他们一个交代，给他们一些时间找工作。"姜总笑着说："我不能让我的兄弟露宿街头去吧！这点钱算什么。"我当时哑口无言，这是多么大的胸怀，多么宽广的心胸，多么仁爱的老板。更加让我觉得我的选择是对的，觉得这位老板果然不一样，把员工当家人、当兄弟一样对待。

我们刚开始做，生意不是很好，田师傅很着急，那时候姜总、孟总（姜总的夫人，也是阿依来的老板）经常出差，每次回来给我们带好吃的，关心我们的生活，把我们当家人一样对待，每个人都非常开心。每次回来给我们开会，让我们不要着急，把菜品质量抓好，把服务抓好，告诉我们怎么做。教我们如何经营好一家店，给我们教了很多很多。那时候田师傅是厨师长，付国是前厅经理，姜辰是店长，团队氛围非常好，所有人都非常团结，每天开开心心地工作，快乐的氛围让我们每天都很开心。

我是快乐餐饮人
阿依来，快乐来

大家工作顺心，经过大家的努力，从菜品的更新、菜品质量的提升到服务的提升，慢慢地生意好了起来，营业额每天从1万多元，到1.5万元、1.8万元，偶尔2万多，生意越来越好。记得有一次姜总回来把田师傅、付国、姜辰和我叫到包间，给我们讲了接下来的规划，最后讲了只要大家努力让营业额达到70万元，超出了给大家发奖金，告诉我们共同创造了，就会共同分享。之后的一个月，我拿到了这么多年最多的一次奖金，1860元，工资的三分之一，当时我那个开心啊。

那时候姜总给我们讲如何学习，如何规划时间，如何做工作计划，如何与人沟通，等等。让我们的成长跟上企业的发展，将来才有更大的收获。

那时候从姜总身上我也学到了很多做人做事的道理，学到了很多有关经营的经验和方法。我那颗不安分的心又开始琢磨自己创业的事了，最后选择离开了阿依来。

之后我那不安分的心让我栽了最大的一个跟头。我又一次回到北京开始创业，我要挣钱，我要成为有钱人，让家人过上好日子，我要把我的餐厅开遍全中国。

当时手头资金也不多，好的房子房租太高，算下来就是给房东打工，后来找到一片住宅区旁边的一排简易房子，房租便宜，周围有好多小区，可以做外卖。我租下了一间，投入了本计划用于结婚的所有积蓄。前期的装修、做菜单、做宣传等，搞得人精疲力尽，那只是刚刚开始。开业后每天早上六七点起床去市场买菜，回来开始准备工作，中午两点多终于忙完了，不能休息得赶紧洗碗、算账，等等。还没弄完，又开始准备下午营业，一直到半夜十一二点，有时候客人不走，凌晨一两点还得在店里等着。第二天六七点还要起来去买菜。由于是简易房，办不了营业执照，外卖平台上不了，只能靠宣传单，每天中午收拾完得赶紧去小区扫楼发外卖

宣传单。就这样七个月没有休息一天。没法休息，休息了就得关门，没人炒菜啊。

10月14日传来了不好的消息，我的店所在的这一片全部要拆迁，因为当时贪便宜没有和房东签合同，房租每月一交。房东不赔偿，因为是简易房，办不了营业执照，国家也不管。拆了就拆了不会有一点点赔偿。所有的东西，桌椅板凳冰箱空调等投了12万元的东西，当破烂卖了5300元钱。一切的一切伴随着挖掘机的轰鸣声全部崩塌化为乌有了。

我的心也死了，这些年所有的积蓄也赔光了。本想着开店挣钱结婚的，这下可好，一毛也没了。怎么结婚？我和我现在的妻子，她也是我谈过唯一的女朋友，我们谈了四年，她跟着我从北京到老家，又回到北京，从北京到天津，又从天津到北京，来回折腾，居无定所，我很后悔当时没有听她的话，没有跟着姜总、孟总好好在阿依来工作。一意孤行非要开店，这下可好，啥也没有了，我最对不起的人就是她。本来她家一直不同意我俩的婚事，今年开店了生意还可以，我们都看到一点点希望，她家终于同意了我们的婚事。这下可好，唯一的希望也破灭了，全没了。如果没有离开阿依来也不会到这种田地。

再难也得过，这一年就这样了，要重新计划。在这里我要特别感谢我的妻子，是她不离不弃，一直支持我、帮助我、鼓励我，帮我筹钱。我们于2014年11月28日结婚了。结完婚第四天我就出门了，我不能这么待着，我要努力挣钱，让我的家人过上好日子。

我又一次来到北京，这次没有了以前的傲慢，没有了天马行空的胡思乱想，多了一分成熟，多了一份责任，放下了远大的梦想，只想简简单单，找一个好平台，努力工作，努力赚钱，让父母放心，让老婆安心。可是哪有那么多好单位、好平台等着你呢。以前不珍惜，现在遇不到。在接下来的这一年多时间里，我干过有几十家店的连锁企业，在那里面你只需要做好

我是快乐餐饮人
阿依来，快乐来

你自己的工作，没人在乎你的能力，没人关注你是否努力，没人关心你是否有发展，管理混乱不堪，所有的一切似乎与你没有任何关系。干过个体饭馆，老板只看钱，其他不管不顾，没有明天。干过国企饭店，整天提心吊胆，上班像在演宫斗戏。

那段时间，我特别怀念在阿依来的那些日子，每天开开心心、快快乐乐地工作，老板有计划、有目标，还特别关心下属，对我们像对亲人一样。团队很和谐，只要你努力每天都有收获。

我那段时间经常关注阿依来的发展，我发现和我以前一起上班的师傅兄弟们，已经今非昔比了，听说田师傅投资了红旗路店，一年光分股份就好几十万元。晚上躺在床上想想现在的自己，欠一屁股债，前途、未来，不知在何方。如果没有离开阿依来我也许一年也能分几十万元，生活肯定很幸福，家人过得肯定比现在好。

有一天，一个兄弟让我帮忙找工作，问了好多地方都不缺人。我听说阿依来又开了第三家分店，我就抱着试试的心态拨通了姜总的电话，问姜总要不要人，姜总很爽快地答应了，姜总关心地问起我的情况，我羞愧地不知说啥。姜总说要是在外面干得不开心随时欢迎回来。听到"随时欢迎回来"，我心里的那种开心许久不能平静，懊悔当初，傲慢无知，感激知遇，又见希望。

2016年1月15日，我带着我的兄弟来到阿依来万达店，店面装修非常漂亮。我又一次见到了姜总，他还是那么大气，那么平易近人，姜总带我参观了万达店，给我介绍了现在阿依来的发展情况，介绍了阿依来的团队。这一天正好开员工大会，姜总给大家讲话，让我稍等一会。我坐在旁边听着熟悉的声音，如此铿锵有力，回想起以前姜总给我们开会的场景，仿佛自己还是阿依来的一员。忽然响起了掌声，我猛地惊醒。阿依来已不是以前的阿依来，现在有三家分店，成立了管理公司。而我还是以前的

我，一事无成，糊口度日。这时又听到一个熟悉而陌生的声音，给大家讲话。付国已不是当年的付经理，已经是万达店的店长了，当着全体员工讲话已没有当年开会讲话的生涩，多了一些领导风范。正在我琢磨着别人的变化时，姜总走了过来拍了拍我的肩膀说："兄弟，让你久等了。"我早已被眼前的一切惊得呆住了。姜总还是那么地客气，没有老板架子。姜总坐下来给我介绍阿依来这几年的变化，介绍管理公司，介绍连锁店，介绍门店管理，介绍下一步计划，听得我心潮澎湃，又一次燃起了我心中早已熄灭的梦想。姜总说："怎么样？回来吧，当我们的厨师长。"我这次真的蒙了，向往的平台，向往的老板，给我抛出了橄榄枝。当时的心情无法用言语来表达。我又欢喜，又害怕，虽然以前管理过厨房，可那只是十个人的小店，现在光厨房就20多人，害怕自己会做不好。我又想到有姜总在，不会可以请教，不懂可以向姜总学习啊，付国当店长，不也是向姜总学习的嘛！就这样我答应了姜总。

2014年从阿依来离开，走了一大圈弯路感觉终于走到了正道上。2016年3月1日，我回到了阿依来，回到了我向往的平台，回到了我这么多年见过最让我敬佩的老板身边。这次我一定不能浪费机会，一定不辜负姜总、孟总对我的信任。

那天早上，姜总早早地就在红旗路店等我，见面后，他给我介绍了店里的情况，又给我讲了阿依来现在的菜品，连锁店最重要的一点就是菜品统一，我必须先学阿依来的菜品。我很纳闷，问姜总："阿依来现在的师傅都这么厉害吗？难道我还不如他们吗？"姜总笑了，对我说："我们现在是连锁店，菜品一定要统一，不能这个师傅炒得好吃，那个师傅做得难吃，这家店好吃，那家店难吃。那还叫什么连锁。"还给我举了肯德基的例子。我终于明白了什么叫连锁店，也知道了自己的无知。从此，我虚心请教每一位师傅，认真学习阿依来每一道菜品，仔细阅读每一页管理

手册。

我来到红旗路店,认识了现在最好的兄弟吴心伟,我们俩就是电视里演的那种相见恨晚的人,两个人整天无话不谈,无话不说,那段时间我觉得我们关系好的程度可以用"形影不离、如胶似漆"这样的词来形容。回到阿依来这个大家庭里,从大家长姜总、孟总到每一位家人之间都很真诚、热情和友善,真的像回家了一样。我又有了许久没有的开心与快乐。如果没有回到阿依来,哪能认识这样的好兄弟。

就这样在红旗路店学习了47天,我被调到万达店任厨师长。同时还把我的老搭档张记调过来协助我工作。刚到万达店,人员各方面都不熟悉,很不适应,老是出问题。姜总、孟总和付总经常找我聊天,教我提高管理能力,慢慢地我也进入了角色。

这一年,姜总、孟总为了让大家成长得更快,学习得更好,请来了王老师,我也很荣幸参加了阿依来第一届的导师训,跟着王老师学习带团队、管理能力、沟通能力,调整自己的心态,改正自己的脾气。不光我自己有成长,很多参加导师训的人都有了很大的成长,参加导师训的人员在厨房表现突出,起到了很好的带头作用,厨房氛围也有了很大的变化,工作也更加顺畅。虽然有一些改进,但是现在的状况离公司的要求还差很远,我要努力让厨房变得更好。每周一次的公司例会,我都能学习到其他厨师长是如何管理的,是如何做的,公司领导是怎么安排工作的,一点一点让工作走上了正轨,厨房管理得也越来越好。在这半年多的时间里,感觉自己成长了很多。在这里我要感谢姜总、孟总对我的帮助和教导,还要感谢王老师,通过参加导师训、家长会、听王老师讲课,让我明白了什么是团队,什么是管理,让我明白了心态的重要性,让我懂得了感恩,让我明白了做厨师想要把菜做好要具有工匠精神。学习工匠精神让我对做菜有了更深层次的理解,对出品有了更高的追求。

如果没有回到阿依来,我哪有机会跟着王老师学习,哪会带团队,哪里知道工匠精神,哪会与人沟通,哪有这样的好心态。以前遇事就知道骂人,发脾气。是阿依来给我带来成长,更是阿依来给予我改变的快乐。

阿依来有一个重要的工作目标,那就是量化标准,统一菜品提高菜品质量。跟着陆总对菜品做了系统的量化,让厨房通过数据,通过每日统计,真正控制了毛利,知道厨房问题出在了哪里,如何改正。一开始大家都很不习惯,每天忙完还要填单子,做统计,每一周还要分析结果,分析问题,大家觉得很麻烦。但是到月底算毛利的时候大家受益了,每个部门毛利都很好,都很精准,很好地控制了厨房毛利率。大家通过每日统计知道了自己的工作重点,对工作起到了很好的帮助,我也从陆总那里学习到了系统思维,思考问题有了逻辑性。厨房从进货、储存、制作到售卖,每一个环节都能很好地把控,我在厨师长这个岗位上也做得越来越好。

如果没有回到阿依来,我哪有机会学习量化标准,哪知道通过数据管控厨房毛利,哪会系统地思考问题。这都是阿依来给我刷新的认知,教会我更加专业的知识,更好地管理厨房,更是阿依来给予我成长的快乐。

这一年姜总、孟总花重金从新疆请来了新疆菜大师苏总,跟着苏总让我对新疆菜有了更深一层的理解。从原料到制作成菜,每一个细小的环节都会对菜有影响,最关键的是火候的掌控,该

2016年7月5日首届阿依来家族导师特训营

我是快乐餐饮人
阿依来，快乐来

大火时必须大火，该小火就必须小火，啥时候放盐，啥时候烹醋都是有讲究的，菜在锅里有锅气，出锅有香气，苏总的到来使我的厨艺有了很大的提升。受苏总启发，我对原材料有了更深层次的理解，对原料的特性、口感、季节、部位、质地、产地有了一个深层次的学习。要想把一道菜做好，原材料很关键，好的东西才能做出好的菜品。

如果没有回到阿依来，我哪有机会跟着新疆菜大师苏总学习菜品知识，提高手艺，对新疆菜有更深的认知与了解。这都是阿依来给予我的成长，更是阿依来给予我的能力。

这一年我荣幸地被评为优秀员工，并去了新疆旅游。干新疆饭馆这么多年这是我第一次来新疆，第一次真正地品尝到地道的新疆菜。同时也让我躁动的心静了下来，让我感到真正的差距。这次来的所有人都感受到了差距，知道了什么才是正宗的新疆菜。回来后我就琢磨，尝试缩小自己的差距，想做出正宗的新疆菜。可是哪有那么容易。就在这时又一次机会来了，公司决定派两个人去新疆学习，我很幸运，再次被选中了，我和田师傅被派到新疆学习。在学习的19天里，每天都有不同的收获，包括原料的选择，制作的方式，灶具的运用，口味的变化，菜品的口感，呈现给客人的感受，等等。通过这次学习，我对新疆菜又有了更深一层的理解。我学到的很重要的一点就是在没有好原料的情况下如

2017年5月18日在乌鲁木齐和苏总与他的作品"万人凉粉"

何把不是很好的原料做好吃,这是需要智慧才能完成的。

由于地域差异,在天津没有新疆那么好的原材料,那么我们就要从有限的条件中运用我们的智慧解决这一问题。我觉得这就是阿依来的工匠精神,从99%到99.9%的进步。

这一年姜总、孟总提出了员工持股改革计划,每个铁三角(店长、经理、厨师长)都有所在这家店的身股(出资者为银股,出力者为身股,身股又叫分红股。编者注)。超出营业目标的60%的钱拿出来给每个铁三角分,我们成了店里真正的主人,这是多么夸张的事情,没有投资一分钱还分钱。在哪里找这么好的事情呢?这一年在阿依来这个大平台上让我收获了很多,有了稳定的工作,生活得到了很大改善,以前创业欠的债也还清了,还有了一些存款,生活看到了希望,也敢计划生活了。这一年我在老家买了房子,付了首付,终于给老婆、孩子安了一个家。

2017年5月阿依来团队在乌鲁木齐国际大巴扎

如果没有回到阿依来,如果没有阿依来做依靠,哪敢买几十万元的房子,哪能给家人一个好的生活环境,这都是阿依来给我带来的幸福和快乐。

在阿依来我真的是非常幸运的那一个,年底阿依来启动了另一个项目,来佳吃开始筹备,我很荣幸参与菜品的研发工作。来佳吃做的和阿依来不一样，走快餐路线，这一块我没有认知，姜总带着我去各地学习，住的都是五星级酒店。北京不知道去了多少趟，去沈阳、无锡、郑州等地找方向，找思路，学习菜品。成立研发室研究菜品，两个多月没有研究出结果。那个月我发现工资多发了1000元钱。我赶紧给孟总打电话说明情况。孟总告诉我："给你涨工资了。"我说："这钱我不能要，菜品没有研究出一个，还没有任何结果，还涨工资，这是什么道理。"我提出退回去，孟总说："你拿着吧，这是你应得的，你的努力我和姜总都看在眼里，这是给你的鼓励，好好干。"干过这么多饭店从来没见过这样涨工资的，一下涨1000元，真是非常感激。有这么好的老板自己不好好干，良心都过不去。

田卫平在乌鲁木齐大湾公园

2018年年初的一天，姜总开着车拉着我去红旗路店，在车上姜总告诉我让我做阿依来的行政总厨。当时我听蒙了，回过神来我欣喜若狂，不知所措。我何德何能胜任这样重要的工作，我不能辜负姜总的信任。我自知自己的能力还差得太多，但我又不想错失这么好的机会，我下定决心要更加努力，每天下班查资料学习，听樊登读书会开阔思维，边听边做笔记，努力让自己成长，提高自己的能力，让自己能胜任这么重要的岗位，我不能辜负姜总、孟总对我的期望。

这是阿依来给我的肯定，给我的机会，给我的人生方向，这是花钱买

不到的快乐。

2018年3月12日公司组织的年会就一个主题——发钱！50万元现金摆在桌子上，这些都是各店铁三角的身股，还有每人一套金饭碗，是金饭碗啊！我们内心无比激动，姜总、孟总兑现了他们的承诺，共同创造，共同分享。这让我真正地意识到团队的力量，也让我明白想要有大成就，首先要有一群志同道合的人，组成好的团队，在好的平台上，大家一起努力才能实现大目标、大梦想。我要更加努力，在阿依来这么好的大平台上通过不断地努力挣到更多的钱。让父母，让老婆，让孩子有更好的生活。

这一年四月份阿依来关掉了万达店，在中北镇店和金钟河店的筹备工作中，我跟着马总（现任管理公司副总）学习了很多门店筹备和装修方面的知识，如何设计厨房，如何看工程图纸，如何与工程方沟通、设备方沟通，等等。这里面有很大的学问。新店开业菜品也要有新面貌，首先餐具要高大上，马总带着我去北京各大厨具市场选购餐具，通过和马总一起选购餐具，让我学到菜做得好还要给它穿一件漂亮的衣服，让菜更加亮丽。选菜盘子可是一个艺术活，要有审美观念，盘子的造型、颜色、光泽度，菜的颜色、分量，都要很好地搭配与结合。可不是简单的买个盘子那么简单。在马总身边让我提高了对菜品的认知，学到了很多新知识。

随着阿依来的壮大，我在阿依来学到的知识越来越多，发现自己欠缺的知识太多，回想起自己开店的时候那就是一个无知透顶的二愣子，能不失败吗？这是阿依来给予我的学习机会，积累经验的机会，这是阿依来给予我增长知识开阔视野的快乐。

在金钟河大街店筹备的时候姜总、孟总提出了合伙人制度。铁三角，家长会成员，管理公司都可以投资，我们可以真正当老板。这是天大的喜讯啊！阿依来有姜总、孟总，有阿依来团队，没有任何风险，我不能错过这个机会，这简直就是天上掉馅饼的事。无论如何我也要投资，我也想要

年薪百万。我拿出自己所有的积蓄，投资了金钟河大街店。我离给家人好的生活，离接来父母孩子又近了一步。

由于自己创业失败等一些事情欠了好多钱，妻子为了帮我减轻负担，孩子刚一岁就出门和我一起工作挣钱帮我还债，孩子在老家由父母带，随着孩子一天天长大，脾气也越来越大。都说隔代亲，我真的是见识到了，我小的时候父母都是非常严厉的教育我们，可是到了孙子这咋就严厉不起来了呢？虽然天天视频聊天，但根本没办法教育，孩子也到了上学的年龄，我们就想把孩子接到天津上学，给孩子一个好的教育环境。到天津上学可不是说来就来，要租房子、孩子的学费、生活费等是一大笔开销。想了想又放弃了，还是先攒点钱吧。

有一次和姜总聊天，姜总问起我家孩子，我就说了孩子现在的情况，姜总得知孩子到了上学的年龄，就问我咋不把孩子接过来上学，我说花销太大，还要租房子，孩子来了没人看管，父母也不愿意来。我们是少数民族，在老家上学不要钱还给补助。先攒点钱了再说吧。姜总笑着说："不用租房子，你们住的那个管理组宿舍就你们住。"说着就拿起电话要安排这件事。我赶紧拦住说不行。姜总又说："那你自己租房子我给你掏房租，一定要给孩子好的教育，给孩子好的教育环境，接触的人不一样，她将来的起点才会高一些。你挣钱不就是为了给孩子好的教育环境嘛，你现在把孩子教育好了，你挣的钱才有意义，孩子教育不好，你攒那么多钱又有什么意义呢？"姜总给我讲了很多，我才意识到自己的错误观念，对孩子好不是光吃好喝好，最重要的是教育好。要教育好就得有一个好的教育环境。就像我初来阿依来一样，就像我的改变一样。因为阿依来和别的餐饮企业的环境氛围不一样，阿依来有好的学习氛围，有好的学习环境，我才有今天的成就。

孩子在一天天长大，可不是等着挣钱了她再长大，我挣钱不就是为了让父母、孩子、老婆过得好一点吗？让孩子受好的教育将来更有出息吗？没有好的环境，孩子又会像我小时候一样，重复我的足迹。没有好好上学，将来长大继续出来打工，又一个循环。我不能这样，我要改变这个循环。

2019年过完年我接来了孩子，接来了父母，给孩子找的是附近最好的幼儿园。孩子刚来的时候不会和人打招呼，不敢和陌生人说话，来到店里小伙伴们热情地逗她玩，她吓得躲到我的身后。现在由于环境的改变，孩子也变了很多。孩子现在开朗了很多，会热情地跟人打招呼问好，愿意和陌生人说话、沟通，去公园和陌生的小朋友一起快乐地玩耍。

2019年5月我们全家在北京圆明园

各个方面都发生了变化。大城市有好的教育资源，有好的医疗体系，父母干了半辈子农活，种了半辈子地，累了一身病。来到天津有好的环境，冬天有暖气，家里有热水，冬天洗衣做饭不受冻，有燃气灶，不用劈柴烧火，楼下就是菜市场，非常方便。让辛苦半辈子的父母享一享儿子的福。每当父母听到身边的人夸赞说你家儿子真孝顺，你家儿子有本事，父母脸上都会洋溢着自豪的笑容，父母最开心的时刻莫过于别人夸赞自己的孩子。我有现在的能力全是姜总、孟总、阿依来赋予我的。

我们作为父母的孩子，最大的孝顺就是不让父母操心。现在我的父母也慢慢习惯了城市生活，在身边帮助我们照看孩子，我们可以安心地上班，孩子可以快乐地成长。

我是快乐餐饮人
阿依来，快乐来

　　这一切要是没有阿依来做后盾，没有姜总、孟总的支持与帮助，我不知道什么时候才能实现。

　　在阿依来我看到了自己的未来，也找到了如何成功的答案，我的梦想也能成真。是阿依来帮我实现了愿望，有现在的成绩，有这么好的发展，我感到自己非常幸运。很幸运在2013年遇到姜总、孟总，遇到阿依来这么好的平台，遇到姜总、孟总这样好的老板，给我提供学习的机会、成长的机会、展示自己的机会、升职的机会、投资的机会。也非常感谢阿依来这个大平台让我成长，让我改变。感谢姜总、孟总一直以来给我的教导与帮助，感恩阿依来！感恩姜总、孟总！感恩阿依来所有的兄弟姐妹们！让我有能力把父母孩子接到身边，一家人幸福美满。每天下班回家看到父母慈祥的笑容，孩子一句甜甜的"爸爸"，内心的那种喜悦、那种快乐，不是语言可以形容的，家人开心就是我最大的快乐。是阿依来赋予我快乐的能力！

　　阿依来！快乐来！

客人的满意就是我们的快乐

作者：王永平

甘肃平凉人，现任中北镇店炒锅师傅。

座右铭：天生我材必有用。

"王师傅，你会做新疆的炒面片吗？"一句简单的询问，把现在已经是阿依来中北镇店厨师长的王金平拉回到2016年6月13日的万达店！这时的王厨还是一个普通的炒锅师傅，13日这天是周一，生意不是很忙，王厨刚炒完一锅菜，准备出去抽根烟，歇一歇！这时前厅的一个服务员跑了进来，问："王师傅，你会不会做新疆的炒面片？这边有位老人家想吃，问咱们能不能做？"

王厨考虑了一下说："可以做。"（此时的他根本想不到，他这简单的一个决定会对他未来的厨师生涯有决定性的作用，也间接造就了现在的他。）

服务员又问："那我们收多少钱呢？"

王厨："就按丁丁炒面的价格收吧！"

服务员："好，那你先做，我去下单！"

服务员走后，王厨并没有立即行动起来，而是站在原地想了想，回忆了一下，自己以前跟的新疆师傅是怎么做炒面片的。但是由于太久没做，他也想不起来这道菜全部的正确的操作流程了，但他转念一想，想不起来

就算了,反正做出来不难吃就行了。当即他就去面点房,把他想起来的面片的大小告诉了做面点的师傅,让他们照他说的大小去揪面。然后他又告诉砧板师傅炒面片需要什么菜,切成什么样。等一切准备就绪,他就准备开始炒,但是一看送来的面片和自己想要的不一样,太大了,配菜也不行,本来用的是西芹,切的却是毛芹!但是已经配好了就这样吧!根据自己的记忆开始炒。先下肉,炒两下,再下菜炒熟,然后加调料,出锅!当菜出锅的那刻,一股菜香扑面而来,但是王厨心里明白,这根本不是新疆炒面片出锅的味道!就这样,一道"差不多"的新疆炒面片上桌了。

王厨洗完锅刚准备歇会!前面那个服务员又跑了进来:"王师傅,那个老人家叫炒面片的师傅出去!"王厨心中一紧,不会是菜出什么问题了吧?他赶紧问服务员:"顾客找我干吗?是菜品出什么问题了吗?"

服务员说:"不知道,那老人家吃了一口,就说要找炒菜的师傅。"

王厨心想刚才那个炒面片他尝了,味道虽然不正宗,但也不会差到哪里去啊。想到这点,他更纳闷了,所以他决定去看看。

王厨:"好,我跟你去。"

就这样王厨怀着忐忑的心情,跟在服务员后面去了前厅,等快到的时候服务员给他指了一下,顺着服务员指的位置他看见一位30多岁的女士和一位60多岁的老人,他们正边聊天边吃饭。当王厨快到时,他们停止了吃饭,抬头看向了王厨,服务员走到老人旁边介绍王厨,说:"这就是刚才炒面片的师傅。"老人家点点头说:"真年轻,我还以为是一位老师傅呢!没想到这么年轻就能做出这么正宗的新疆味道的炒面片!这种家乡的味道我已经20多年没吃到了。"王厨不好意思地笑了笑。说完话老人家就继续吃饭了。这时老人旁边的女士说话了:"不好意思啊师傅,打扰您工作了,我父亲是新疆人,就我一个女儿,所以我结婚的时候就随我来天津了,一直没有回过家,现在年纪大了,想老家了,可是来回颠簸身体受不了,所以

就想尝尝家乡的味道！我们已经去过好多天津的新疆餐厅了，可是要么是不做，要么做的不是新疆的味道。可是这次来到你们阿依来，吃了您做的这个炒面片，我父亲说他感受到了家乡的味道，所以请您出来想特地感谢一下您！"王厨（受宠若惊的样子）"您——我——（紧张得语无伦次了）这是我应该做的（最后硬挤出这么一句）"。然后就"仓皇而逃"了（为什么本该自豪的事会让他仓皇而逃呢？因为他觉得自己刚才做菜的态度配不上现在的表扬）。虽然有些心虚，但他还是很高兴的，因为毕竟他做的菜得到了客人的认可。那位老人吃完饭以后还专门询问了一下服务员，刚才的那个师傅叫什么。当然这是王厨所不知道的。这件事的发生让王厨内心对于厨师这份工作有了不同的认识，也在他没有察觉的情况下影响着他的工作状态。

　　就这样过了几天，荷台的家人跑来找他，说有客人"找"他炒菜！当时王厨还以为是荷台的家人跟他开玩笑的，结果他过去一看还真是找他炒，单子是炒面片，备注"王师傅炒"（那时候炒锅只有他姓王）。王厨一下就明白了，是那个老人来了。这次他为了能弥补一下上次的"心虚"，特地自己揪的面片，自己配的菜，格外用心地炒了这份炒面片！出锅的那一刻，他知道这次炒得虽然还是不够好，但是比上次好多了！菜端上去的那一刻他的心情有些期待，也变得踏实多了！过了会，服务员进来跟王厨说："那个老人家说你炒的比上次更好吃了，让我代他，谢谢你！"王厨在那一刻第一次感受到了厨师这个行业带给自己的自豪和快乐！也让他下定决心，要让更多的人因为吃完他做的菜而变得开心快乐！他知道这个老人还会来，为了让他下次来的时候能吃到更正宗的新疆炒面片，王厨专门请教了他以前认识的新疆师傅，查了很多的书籍，试了很多次，终于做出了自己满意的新疆口味的炒面片！然后他就开始期待，期待那位老人的再次到来！王厨从来没想过自己会这么期待客人来吃自己做的菜！过了没

我是快乐餐饮人
阿依来，快乐来

几天，一个备注着"王师傅炒"的炒面片单子又来了，王厨拿着那个单子心情很激动，也很期待，就像高考生拿着高考试卷一样。从揉面到切菜到炒菜，他都格外用心，做好之后他没有让服务员上菜，而是自己把菜端到那位老人家桌前。"大叔，您尝尝这次的炒面片是不是你们新疆的口味。"老人家轻轻尝了一口，王厨站在旁边就像一个高考生等着成绩单公布一样，既担心又期待。老人吃完一口，点了点头，说："30多年前我们家街口有个小店是专门卖炒面片的，以前我经常带着我闺女和老伴去吃，就是这个味道，我已经30多年没尝到了！"说着老人家竟然流下了眼泪！

万达店原来的炒锅师傅，现任中北镇店厨师长王金平

"谢谢你，这个炒面片对我来说不仅仅是一顿饭！"听到这声谢谢，王厨就像一个考上自己心仪大学的学子一样发自内心地笑了，也不知是因为高兴还是老人的情绪感染，他的眼睛也酸酸的！这句"谢谢"是对王厨对这个炒面片所有用心付出的认可！也让他明白了他的工作对于顾客来说的重要性，有时一道菜不仅代表一顿饭，也寄托着客人更多的情感。

时至今日这个已经是一个六岁孩子父亲的厨师长，讲起当时的场景时仍然笑得像一个得到表扬的小孩子一样得意和自豪！

2019年8月30日，阿依来的果脯抓饭由于点击率太低正式"退休"了。果脯抓饭的"退休"间接提高了羊排抓饭的点击率，也增加了阿依来的利润！但是却险些"砸了"阿依来一位忠实小粉丝的"饭碗"！

9月1日，一个普通的周一，王先生和他的儿子小浩和往常一样，来到

了位于天津西青区中北镇的阿依来餐厅,刚来到餐厅所在的商场门口,小浩就挣脱了爸爸的手,向阿依来餐厅跑去。跑进餐厅,小浩熟练地找到了他们经常坐的20号餐桌,用尽全身力气爬上了座椅,然后朝着服务员说:"姐姐,我点菜!"服务员微笑着朝小浩走去,也没有觉得意外,因为小浩和他爸爸经常来吃饭,服务员早已认识他们了。走到小浩面前服务员轻声地问:"小朋友,你爸爸呢?"小浩说:"在后面,我先点菜,要有米饭,葡萄干,酸酸甜甜的那个饭!"他们每次来都会点果脯抓饭,所以服务员知道他说的是果脯抓饭,但是果脯抓饭昨天就下线了。点不了,后厨也没准备。所以,服务员就告诉小浩说:"小朋友,你点的这个菜没有了!"正兴高采烈翻菜单的小浩听到这句话,一下子小嘴就嘟起来了,一副很委屈的样子,这时他的爸爸也来到了座位旁,看着小浩委屈的样子就问:"王浩,怎么了?"小浩没说话继续委屈地坐着!旁边服务员说:"小朋友要吃的果脯抓饭没有了,所以他不高兴!"

小浩的爸爸说:"才十二点就卖完了?"

服务员说:"不是卖完了,是我们这个菜品下架了,以后都没有了。"

小浩听到他爱吃的果脯抓饭以后都没有了,转过头眼巴巴地看着他爸爸,眼泪都在眼眶里打转了。小浩的爸爸看着小浩委屈的样子,心疼地摸了摸小浩的头,不好意思地问服务员:"您能不能帮我问问,看能不能单独给做一小份,我们家这孩子就爱吃你们家的果脯抓饭,每次我们出来吃饭,他都非拉着我来你们店不可。"看着小浩委屈的样子,我们的服务员在明知99%没有希望的情况之下还是决定试一试!她先去后厨问了一下负责抓饭的师傅,结果不出意料,没有。本来她是想去直接告诉客人的,可她又实在不忍见到小浩失望的表情,所以她决定最后再试一下,找店长!她找到店长把这件事详细地说了一遍。店长听完之后,找来了厨师长问能不能做出这么一份抓饭来。厨师长询问了一下厨房负责抓饭的师傅,最后说少一样小白杏。店长就让服务员去问一下客人:没有小白杏,多放

我是快乐餐饮人
阿依来，快乐来

点葡萄干行不行？

小浩和爸爸听到这个消息时都开心地笑了，因为小浩就喜欢吃果脯抓饭里的葡萄干。征得客人同意，服务员立马下了单。大家听说是一个小朋友要吃的，在制作的过程中都格外仔细，做好的抓饭刚端到小浩面前，小浩就迫不及待地拿起勺子吃了起来！想着小浩刚才委屈的样子，到现在挂着眼泪笑的样子，我们的服务员也跟着笑了，小浩和爸爸吃完饭以后，还专门去跟我们店长说："感谢你们全店人员为我儿子破的这次例。"

店长说："餐厅能得到客人的喜爱，是我们的荣幸，以后小浩想吃果脯抓饭了，随时过来。"

小浩的爸爸说："你们这个抓饭不是不做了吗？"

店长说："以后我们只给小浩一个人做。"

小浩的爸爸说："太感谢你们了！"

小浩笑得眼睛都成一条缝，说："谢谢叔叔！"

后来厨师长在开例会的时候把这个事告诉了我们。让我们知道了，我们今天所做的工作不单是做一餐饭，更是让一位小朋友快乐，是让顾客满意，是为顾客创造幸福感和快乐。

后来小浩和他爸爸每周一都会来我们店里吃饭，见到我们店的每个人都会开心地打招呼，就像亲人一样。而我们每周一也都会为小浩准备一份果脯抓饭，我们每次见他的时候，他都是蹦蹦跳跳的，眼睛笑得眯成了一条缝，小浩也成了我们店的一个"开心果"。他每一次到来都会让我们店的每一个人发自内心地高兴，因为小浩的快乐和我们每一个人的快乐都是相连的。

"感动服务"是阿依来2020年的一个新词汇，但是感动绝不是在2020年的阿依来才有的，2020年我们要让"感动服务"进入每一个阿依来人的潜意识！

"感动服务"是什么呢？是为客人倒一杯热水，替客人催一下菜，还

是客人走时送一下他们？是想通过这些行为达到让客人感动的目的吗？我觉得这只是初级的目标。而终极的目标应该是让每一个阿依来人都能具备关注客人、尊重客人、站在客人的角度想他们所想的意识。只有每一个阿依来人都能有这样的意识，我们的感动服务才是真正地落地了。前面的两个故事是我们没有做"感动服务"之前发生的，我相信等到了"感动服务"真正落地的那天，我们身边这样的故事会更多地发生！

王永平（现任中北镇店炒锅师傅）

真正的快乐是发自内心的，只有当你内心快乐的时候，你才是真的快乐。要想内心快乐，就先从让别人快乐开始吧！

能留下的美好

作者：伊刚

辽宁沈阳人，现任金钟河店烧烤主管。

座右铭：君子求诸己，小人求诸人。

小的时候以为抓住了一只蝉就抓住了整个夏天，保存好了飞出去的纸飞机就存住了整个童年，留住了一封信就留住了整个青春。

我从小在沈阳长大，我的职业是一名厨师。我想我应该是众多成年人当中最幸运的一个了，我虽然有一个不完整的家庭，但是我有世界上最爱我的父亲。我朋友不是很多，但都是我最铁的朋友。我虽然很早就辍学到外面打拼，但是我选择的工作是至今我依然热爱的工作。

小时候最温暖的味道是我爸爸做的早餐，在"快去上学"的催促声中匆忙地吃下一口一口的饭，这种感觉是那个时候最温暖的感觉；小时候最幸福的味道是中午的时候爸爸站在校门口递给我的一杯他亲手做的油茶，休息时父亲会骑着车带着我去各种小吃部解馋；小时候最温馨的时间是晚上回家一开门父亲穿着围裙满身菜香地站在我面前说："书包摘了，快点吃饭，吃完饭写作业。"

我爸在我小的时候就和我说过："烹饪是一个神圣的职业，那是一个能把幸福和美好带给别人的职业，它能传播爱和快乐。"他虽然不是

一名厨师,但是在我心里他是最好的厨师。

受爸爸的影响,我爱上了做菜。十岁的时候最快乐的事情就是爸爸喝酒的时候我给爸爸"加菜"。慢慢地,我也就真的成了一名厨师。

我去过很多城市学习烹饪技能,学习各种菜肴的制作方法,当厨师对于我来说就是一份快乐的工作。

很幸运,我来到的企业是阿依来,这是一个满载着爱的企业,接下来我要讲述的故事就是我和阿依来的故事。

我来到阿依来已经接近两年了,做的是一名烧烤主管的工作,我进过很多厨房,这是在我接触的所有后厨中最舒服,也是我最喜欢的厨房,这里的每一个人都像是家人。不!更准确地说"就是家人"。

漂在异乡工作接触时间最长的人就是同事、领导,陪伴家人的时间很少。我很幸运,我选择了阿依来,阿依来让我有底气对家人"报喜没有忧"。

我最开始来到这家餐厅是一个巧合,我原来在沈阳的凯宾斯基酒店工作,但我一直都想提升我的菜品水平,所以就有了从沈阳凯宾斯基酒店到天津的京基皇冠假日酒店工作的打算。但是几经波折刚到天津的我就已经身无分文了,皇冠假日的工作也泡了汤。这个时候阿依来向我伸出了援手,当时我的想法很自私:"我先在阿依来这地方干两个月缓一下,然后再回到原酒店工作。"对,就是这样。抱着这种心态我在阿依来工作了一个多礼拜,但没想到,阿依来是一家有魔力的餐厅,本想着缓一缓脚步却意外地被挂上了"家人"的称号,在一个多月的时间里我结交了现在对我来说最重要的朋友。但是那时执念太深了,两个月后我又回到了沈阳的酒店工作。

回沈阳以后我发现了一件很有意思的事情,之前在天津的时候我总是给父亲发消息打电话,但是这次回沈阳以后我朝思暮想的除了父亲还

我是快乐餐饮人
阿依来，快乐来

有一群阿依来人的面孔，虽然我在沈阳工作，但是我和"家人"的联系从来没有停止过。慢慢地，他们也就成了我远在他乡的"家人"。

后来因为一些工作上的事情我选择了离开那个酒店，当我拎着行李站在酒店门口的时候，我有一些茫然。我在心里不断地问自己"怎么了，这不是你一直梦寐以求的地方吗？怎么又离开这里了呢？心里委屈？选错了目标还是努力错了方向？你是个懦夫"。

那天是2019年1月18日，当时，已经是半夜12：30，我掏出一根烟放在嘴边，狠狠地吸上一大口，这样的委屈、失落甚至失败，我不敢跟父亲哭诉，我当时唯一能够想到的就是身在远方的"家人"。

东北的冬天很冷，北风呼呼地夹杂着带着冰碴的雪，就像一声声谩骂、嘲讽、斥责打在我的脸上，即使再厚实的衣服也抵挡不了那样的寒冷和孤独，我要找到一个温暖的地方。我静静地掏出手机熟练地打开微信毫不犹豫地打了一个电话，是打给我的"家人"的。

嘟——嘟——嘟——

"喂？怎么了兄弟，大半夜打来电话。"

原本快要哭诉的情绪在边缘一直摇摆，我强装笑脸，开玩笑似的说了一句："我失业了，你那里有没有地方啊？"

"兄弟，只要你来，我们随时欢迎！"

我飞速地挂断了电话，最后一根弦再也绷不住了，我随之痛哭起来。人生有些时段不是你一个人能够走过去的。

旁边来了一辆出租车，师傅探着头问我："兄弟去哪不？"

"沈阳北站。"我颤抖地回答说。

上了车师傅开始寒暄："大半夜的上那里做什么？"

我只回答了两个字："回家！"

我买了最近时间的火车票，在第二天早上七点准时到达了天津，回到了"家"。

我不确定我能否被接受，我回来的时候没和任何人说过，但是一进到店里，归属感瞬间涌上心头。

所有人对我都那么热情，大

伊刚，现任金钟河店烧烤主管

多数人我都能喊出名字，厨师长还是那个厨师长，家人还是那些家人。

我最低谷的时候大约有两个月时间，我只是在做着工作，只是把工作当成工作，没了年少时的激情和梦想。

而我的这个"家"从未放弃过我，一直陪伴在我的身边，这种家的温暖，这种陪伴治愈了那个时候的我，就像是冬夜里的一束光照亮了我。治愈我的这种温暖，仿佛一双大手把我从悬崖底下拉了上来。

这也就是我找到的第二个"家"了。

小时候的快乐，来自父亲给我准备的美味饭菜。

长大了，我的快乐，更多地是来自家人的关爱与挂念。

我们都向往着把全部美好都停留在那一时刻，保留在那一瞬间，但是幸福和快乐其实一直都在我们身边。从未走远。

阿依来，快乐来。

他乡的故乡

作者：罗少军

江西宜春人，现任金钟河店前厅经理。

座右铭：志当存高远。

（一）

2019年的某天，我从手机上看到了一张照片，这张照片是我一个同学发给我的，一直被我保留至今。那张照片勾起了我年少时的记忆。那时候我头发长长的，穿着普通，眼神单纯稚嫩，那是16岁的时候，属于校园的时光。

年少的时候，对一切都是憧憬的，但有时也会认真地构想未来。而现实大多数时候是随意的，并不按你的构想行进，但有时也会给你带来惊喜。我在惆怅迷茫的青春时刻，作出了一个影响我一生的决定——去天津，那一年我19岁。

2020年，我已经待在天津九年之久，从19岁到28岁。其间我尝到了各种不为人知的艰辛，流过泪、流过汗、甚至流过血。

我在餐饮行业还未扎根太深的时候，因为朋友的话就转去别的行业锻炼自己。也许是因为和餐饮的缘分未了，也许是我把没有经历过的事情想得太简单，结果是被南墙撞得头破血流，一天就着自来水吃一顿面包，在这样特殊的时段，过了我二十岁生日。

生日那天上午接到我妈的电话："生日快乐，儿子。"

我满心欢喜，连声音都透着愉悦："生日快乐，谢谢老妈。"

电话挂断之后，我控制不住地掉眼泪。那时候要不是朋友给了一个遮风挡雨的住处，真的是要露宿街头了。漂泊在外的日子不容易。

有人会因为我们的缺点而讨厌我们，有人会因为曾经的相遇而发现我们，更有人会因为我们的真实而喜欢我们。

因为贵人相助，因为和餐饮有解不开的缘分，因为一份好运，我来到了阿依来。

来到阿依来的时候，我已从事餐饮行业五年有余，曾在五家餐饮企业工作过。那时候的我虽然才24岁，但是已经被餐饮行业洗练了五年。

2016年9月，我来到了阿依来。那时候我想：一切会越来越好吗？

一切都会好的，要把快乐放在外面，失落放在心里。我是一个靠理想生活的人，同时我又是一个缺乏安全感的人，每天生活在危机里，诚惶诚恐。

2016年9月罗少军刚来阿依来的时候

我是快乐餐饮人
阿侬来，快乐来

（二）

年少时，我们总是抱着万般期待的心情去迎接未来。正因如此，我满心雀跃地来到了红旗路店。

百炼才能成钢。人之所以要成长，不是单纯地为了更好地完成工作，而是为了能更好地应对未来发生的事情。虽然期待，虽然欢喜，但是理想和现实之间的差距是那么地真实。

因为"轻敌"心态，我觉得这份工作对我来说轻而易举，结果大家对我质疑的目光越来越多，不满的声音也越来越尖锐，那时候我感觉好像除了顾客谁都对我有意见。

大家质疑的目光彻底刺激了我，再加上孟总和店长也在引导我，所以我开始了离开学校后的第一次反省、成长。我为遇见这样的老板和领导而感到庆幸，如果是在别的企业可能就直接被劝退了，而不是有人引导帮助你改变。那段时间是我压力最大的时候，我本来就有失眠症，再加上每天晚上脑子不断地反思、思考，结果失眠更严重了。我第一次对成长有这么迫切地渴望，第一次对成长的概念如此清晰。我开始不断地

2017年罗少军在阿侬来

找团队的小伙伴沟通，不管是前厅的还是后厨的，甚至包括已经离职的。

经过这一次的打击，我告诉自己，应该沉着冷静，越是年轻，就越应该具备危机意识。因为你不知道的、不懂的、不足的还有很多。就像苏格拉底所言：我唯一知道的，就是我一无所知。

也是在这个时候，我开始真正理解了阿依来的家文化，理解了姜总、孟总"大家长"这个称谓的含义。阿依来就是一个家，一个会包容你的家，一个就算你有各种不足也不会轻易抛弃你的家。在这个家里面，两位大家长姜总、孟总，他们不但给你一个值得努力的平台，还会在你的成长之路上为你保驾护航。

我虽离家千里，但不再是一个"流浪儿"了。

有一种快乐，叫成长。

（三）

孟总说：爱笑的人运气都不会太差。

回顾在阿依来的这几年时间，我听孟总讲过很多次这句话，尤其是每次亲自验证这句话成真的时候，我总是第一时间想起孟总第一次对我说这句话的场景。有的时候我都感觉自从听了孟总这句金玉良言以后，我的好运就没断过，快乐也随处踊跃，笑得也就越来越灿烂了。

2016年12月，这个月里有一个值得纪念的日子。具体哪天不记得了，只记得是一个寒风凛冽的上午，但那天的阳光格外灿烂。那天上午姜总、孟总来红旗路店找我们铁三角谈话，谈话内容就是身股改革，那是我来阿依来的第3个月。那天我坐在二楼的75号桌，阳光透过玻璃照在身上特别暖和。

来到阿依来是我人生的一大幸事，然而幸运女神再次眷顾了我。

我记得我去公司面试的时候，正好赶上姜总在给大家开会。那时姜

我是快乐餐饮人
阿依来，快乐来

总、孟总刚从北京学习身股改革回来，那天会议的具体内容我没有听清楚，但是在路过会议室的时候我听到姜总说了一句话："先让一部分人富起来。"

结果没过几个月，公司真的开始准备落地改革了，而我就是直接受益人之一。12月的那一天，两位大家长下店找我们，就是跟我们铁三角定2017年的身股目标。

2017年，有点与众不同，第一次有了一个企业分红的权益，第一次有了一个团队为之奋斗的目标，第一次经历了刻骨铭心的成长。也是从那时候开始，我真正全身心地投入到工作之中。

在那一年，还有一个最大的收获。刚来天津的时候，是因为肚子要吃饭而进入餐饮行业，所以对餐饮行业的定义只是一份工作，或者说一个职业而已。这个观念一直持续到加入阿依来。而随着对阿依来认知得越来越多，期待也越来越多，对餐饮的定义也从职业转变成事业。

这是一个全新的开始。

2017年结束了，工作也算是圆满地结束了。在2018年的年会前，通过一年的辛勤劳作，我也终于拿到了人生中第一份分红收入，那也是我人生中第一次年收入超10万元。那是我来阿依来的第16个月，仅仅一年多一点的时间，我的收入就翻了将近一倍。2018年3月12日阿依来开年会，那一天我作为身股分红代表做了发言。年会结束的时候，我把发言时的照片发在了朋友圈。我姐姐看到了我的朋友圈后，第一时间向我祝贺，并且把我的朋友圈转发在了她的朋友圈。后来我看到她的朋友圈，有好多我认识的人点赞和评论，其中就有我们村的小伙伴。那一刻，我觉得金钱的收获只是其次，最重要的是一份荣耀，一份属于我们家的荣耀。也就是从那一刻开始，我爸妈以自己的儿子为傲。

那一刻，我好像找到了一丝人生的灵感，我一定要做我爸妈的骄傲。

有一种快乐,叫收获!

(四)

生活中有很多种体验和心得,就像莎士比亚所说:一千个观众,就有一千个哈姆雷特。生活也是如此,有的人活在了当下,有的人规划出了未来;有的人每日迷茫无味,有的人却在激情四射地迎接明天;有的人总是措手不及,而有的人却未雨绸缪。其实不是生活在欺凌你,而是你选择了生活的结果。

2012年刚来到天津的时候,我觉得天是黑的,风是冷的,我自己是无助的。可能是无畏精神在作祟,某天我突然写了一段这样的话告诫自己:不管外面如何狂风暴雨,心里永远都要种植阳光。

阳光的存在,才能让生命无限灿烂。

2018年,是我在阿依来的第三个年头。这一年就像我自己所说的那样,阳光总在。这是一个可以大书特书的一年。

这一年的夏季,也就是六月份,阿依来中北镇店成功地从原先的万达店搬迁至中北镇,并且顺利开业。在开业的同时,阿依来金钟河店也选址成功,项目正式落定。在这段时间,更替的不仅仅是门店,阿依来的内部制度也在更替。

阿依来有一个类似董事会的学习组织——家长会,这一年阿依来在进行另外一个改革——合伙人机制,这也是阿依来一个非常具有战略性的调整。合伙人机制,顾名思义就是跟老板一起合伙开店,员工也可以投资门店,只不过有一个前提条件就是必须是家长会正式成员,但是当时我是家长会的实习成员,此事好像与我无缘了。

正是在这个黄金般的时候,家长会组织对实习成员开始了一年一次的转正投票,而我就是待转正中的一员,当时有一种命运被他人掌控的感觉。那时候我既期待又忐忑,因为我很清楚我如果被投票通过的话,迎接我的将会是什么。

不得不说,阿依来是我的福地,因为我到阿依来之后就好运不断,快乐不断。幸运之神再次将光环笼罩在我身上。就是在这么一个特殊的时刻,我的家长会实习生身份转变成正式成员。那么自然而然,我也就拥有了入股金钟河店的身份,并且以后阿依来再开新店,我将可以继续拥有入股的资格。同月,我也收到了去金钟河店任前厅经理的调令,我很清楚这是

2018年罗少军成为正式的家长会成员

大家长给我的一个难得的锻炼机会,真可谓是双喜临门。就这样,摇身一变,我变成了金钟河店的一名股东,自己的事业又迈上了一个新的台阶。

人生因为有经历才会有收获,有的时候决定你收获的,不一定是你的勇敢,而是机遇。那一年是我来阿依来的第二年,在天津的第六年。截止到此时此刻,我在阿依来已经四年之久。决定我一直待在阿依来的,不仅仅是经济上的收获,而是这个平台给我的机遇,对我的接受、包容还有成长,就像阿依来企业文化的核心体现——爱。因为阿依来的爱,所以

2019年会代表门店身股分红发言

才有我现在的一切。

一路走来，感恩有你（阿依来）！

有一种快乐，叫馈赠！

（五）

盔甲再厚也无用，伤疤硬实能防身。

年轻人除了成长，好像和犯错也有解不开的缘分，我就是如此。

2018年对我来说是里程碑式的一年，其中阳光无限，但是狂风暴雨也未曾缺席。

2018年的国庆节，是一年一度的黄金节假日，金钟河店开业的喜悦气氛还没有完全退去。但是在这个月里，发生了一件让我此生难忘的事情。

我的岗位是前厅经理，前厅六个部门都是由我全权负责。换而言之，我基本是前厅所有事务的决策人。而当时因为我的一个工作失误，给店里造成上万元的直接经济损失。发现这个严重错误的是我自己，当时事情还在可控范围之内，所以我第一时间跟公司的相关部门汇报了这件事情。后来事情虽然调查清楚了，可是损失已经造成了，而且这个损失最后也没有追回。这件事的发生，至今都令我非常愧疚，也是我的人生耻辱。其实当时我已经做好了心理准备，损失是由我造成的，那么我有责任去承担这个损失。可是就算我补上损失，这件事情带来的影响就不复存在了吗？更何况事情的发展还不止如此……

在这件事情发生后的一次公司例会后，姜总把店长和我叫到办公室。

"这个事情处理得怎么样了？"姜总简单开场后问起。

"我们正在处理，我们也在联系、在找当事人。但是可能……"我说这话的时候其实并没有什么底气。

"这个事情呢，你们尽量去处理吧，如果损失真的追不回来，就算了

吧。人这一辈子谁都会犯错,谁都会交学费。如果真没有追回来,这个学费就由我和孟总替你们交吧。"

"小罗,学费虽然我们替你交了,但是这个事情的直接责任人是你,损失不用你来承担,不过还是要对你进行通报批评的,你要好好反省啊,这样的错误可不能再犯了。"姜总心平气和地说道。

当时的我诧异万分,内心真的是五味杂陈,一个这么严重的工作失误,姜总就这么淡然地帮我承担了所有。那一刻,除了感恩,还有很多思绪在我内心翻腾。

正如姜总所言,犯错是很正常的,只有什么都不做的人才不会犯错。于我而言,犯一次错,就相当于在战场上被敌人砍了一刀。只不过我不会以这些伤为荣,但是它们结成的伤疤一定会成为我的盔甲,让我以后能在战场上为阿依来,也为自己开拓新的版图。

古人言:士为知己者死。

能遇到一个这么为你遮风挡雨的平台和老板,在这样一个有爱的团队里,谁能不快乐呢?

投之以桃,报之以李。阿依来待我如斯,我待阿依来如家。

有一种快乐,叫感恩!

(六)

孟总问:"你以后想成为一个什么样的人?"

这是孟总在面试我的时候问我的一个问题。当时我做了回答,但是其实我内心清楚,那个时候我对这个问题是迷茫的。就像青年作家刘同所说:谁的青春不迷茫,其实我们都一样。

在我17岁的时候,我很憧憬自己的30岁,憧憬不是想马上到而立之年,而是我很想看看30岁的自己会活成什么模样,会选择一条什么样的

路。但是在那个年龄阶段,其实更多的是迷茫,这种迷茫一直在我身上停留了很长的时间。

我虽然很年轻,是铁三角里加上公司人员里面年龄最小的一个,但是我的身体状态却不是最好的一个。恰恰相反,我可能还是垫底的存在。

2019年7月初,姜总、孟总要去蓟州调理身体,因为我的身体状态一直也比较差,所以两位大家长直接让我一起去,这算是不可多得的福利了吧。

这次去蓟州调理身体之旅的收获,有点出乎我的意料,在这次的旅途中我再次接到了一份属于我的人生喜悦。

刚到蓟州的前两天,大家都沉浸在调理身体的事情中。

虽然是夏季,但是那一天下了一场小雨,天气格外凉爽。在那样一个景色秀丽的地方,人的心境也变得格外宁静。

那是第三天的午后,大家都忙完了各自的事情。孟总看我没有什么事情了,就把我叫到他们屋。

"小罗,你觉得目标和梦想有什么区别?"在简单地闲聊之后,大家长问了我一个这样的问题。说实话,当时我整个人有点蒙蒙的。不过我还是作出了我的回答。很显然,我的回答不是完全正确的,虽然在这之前,我觉得自己是一个有目标有梦想的人。

"说得简单点,目标就是你达成以后,只会开心一阵子,顶多也就一两年。而梦想呢,是当你达成以后,它会给你无上的成就感和荣誉,而它很有可能是你生命终结之前还在不断做的事情。这就是目标和梦想的区别。"孟总听完我的回答以后对我这样说。并且为了方便我理解,还给我举了很多的例子。

本来,在此之前我觉得我是一个有目标有理想的有志青年,结果被孟总这么一说,我变成一个只有小目标,连大志向或者梦想都没有的人

我是快乐餐饮人
阿依来，快乐来

了。但是有一点我很清楚，两位大家长是在点悟我，他们是希望我能对生命的认知有一个升华，让我的人生价值能最大化地呈现。换句话说，他们是希望我能有所成就的。

那天聊天的时间并不是很长，也就45分钟左右，但是我却花了很长的时间去思考和消化。从那天开始，我就一直在想，我的梦想是什么呢？这种状态持续了将近一个月的时间，我终于想明白了我自己这一生该追求的到底是什么了。

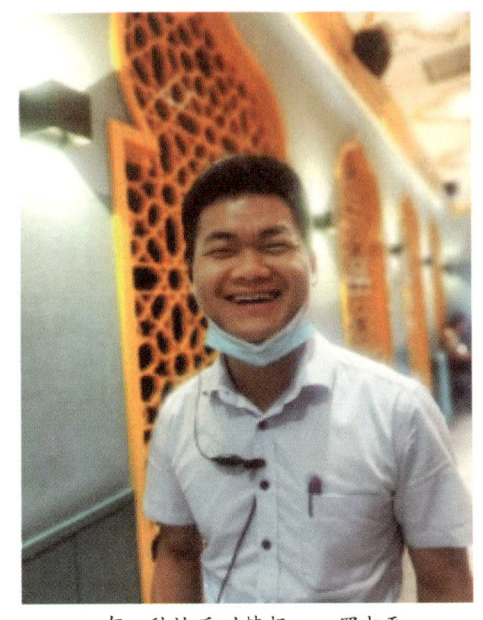

有一种快乐叫梦想——罗少平

"你以后想成为一个什么样的人？"曾经困惑我的问题，曾经的迷茫少年，终于找到了答案。

有一种快乐，叫梦想！

（七）

奥古斯特·罗丹说：世界从不缺少美，而是缺少发现美的眼睛。对于我们的眼睛，不是缺少美，而是缺少发现。

世间包罗万象，有多少人忧郁一生，也有无数人此生无忧。世界没变，只是人不同而已。快乐就像美一样，不是它不存在，只是缺乏一颗发现的心。

我17岁的时候，因为懵懂无知，选择了离开学校，进入未知的社会生活，那一年伤痕累累。

我19岁的时候,张脉偾兴地来到天津,那一年遍体鳞伤,开始四处游荡。

我24岁的时候,来到了阿依来。从那一年开始,在他乡也有了家。

生活就像一个万花筒,缤纷精彩,多姿多样。

快乐是什么?对于贪玩调皮的孩子来说,快乐是玩;从父母的角度来看,快乐是看见孩子茁壮成长;对于奉献者来说,快乐是给予别人美好的事物。

在阿依来的这四年,它赋予我成长,赋予我机遇,赋予我无限的美好,赋予我青春的精彩。

对我来讲,阿依来是我在他乡的故乡,也是我最大的快乐!

阿依来,快乐来。

一路走来,感恩有你。

疫情中的爱与温暖

作者：张磊

安徽人，现任管理公司行政副总监。

座右铭：80%=0，100%=100，要么不做，要么拼命做。

我叫张磊，一个地地道道的安徽姑娘，从来没有想过我会远嫁他乡，也从来没有想过自己会在离家千里之外的地方有这么一段刻骨铭心的感受。在阿依来工作六年多了，一路走来，阿依来见证了我的成长、爱情、结婚和生子。说到生子，我觉得自己是幸运儿，因为距离远，所以从结婚、怀孕到生子，家里基本帮不上什么。但在阿依来，我并不感觉自己孤独无助，相反，觉得自己虽然身不在家，但胜似在家。

2020年，我和我的家人们满心欢喜地期待着我肚子里小生命的诞生。然而，2020年年初，新冠肺炎疫情暴发，我的满心欢喜变成了手足无措，我不知道要去哪里生孩子，我也不知道谁会过来照顾我。那一刻我真的很无助，很着急，很害怕。也许是烦闷的心情日益加重，肚子里的小宝宝却再也等不及了，原本是2020年2月26日的预产期，却提前迎来了小生命的降生。

2020年2月3日晚上，生活照常进行着。晚饭后，我突然感觉自己的身体有点异样，原来是肚子里的小生命要降生了。此时的我，一下子慌了神，心里想着："怎么办？孩子要出生了，医院还没联系好，孩子要用的东西都

没买好,谁来照顾我的月子还没确定。一切都还没准备好,怎么她就要来了呢?"我和我老公一下子手足无措了,马上给我的闺密和工作中的最佳搭档康健打电话,康健告诉我要马上去医院。当时已经晚上10:30了,我老公直接带我去了当地的医院,医生说孩子要出生了,要马上进产房。这个时候我真的害怕极了,我要怎么办呢?整个身体都开始紧张起来。我老公也是很紧张,毕竟没经历过这样的事情。就在这时,我看见一个熟悉的身影朝我走来,原来康健接了我的电话,把刚刚一岁多的儿子哄睡后,马上开车就来到了医院。那个时候,我突然感觉黑暗里好像闪现了一道光芒,那个时候可是新冠肺炎疫情最严重的时候,大家别说来医院了,连门都不敢出来,可是她还是第一时间来了医院。此时的我,不知道为什么,心里忽然踏实了很多。然后她一直陪着我,我老公去办理各种手续,回家收拾一些需要换洗的衣物。她就这么在医院陪到半夜快1点多我老公回来后,才不放心地走了,说回去看看孩子,第二天一早就过来。

果然,第二天一早,康健打电话给姜辰(我们公司的同事和朋友),她们两个人一起来了医院,还帮我买了孩子出生要用的各种物品,尿不湿、小被子,还有产妇要用的很多东西。可是那个时候,我肚子里这个小家伙却迟迟不肯出来和这个世界见面。后来听我老公说,她俩一直在产房外等我,产房外连个椅子都没有,他们三个就一直站在那,等了一个小时又一个小时,最后实在站不住了,才回去休息。到了晚上,孩子终于和这个世界见面了。护士姐姐们把我推出产房,我打开手机,手机里都是康健和闺密们急切地询问:"张磊生了没有,平安不平安,怎么样了?"还有姜总、孟总(阿依来的老板),他们一条语音接一条语音地询问和问候。当时,我虽然身体还很虚弱,但是心里却泛起一阵阵暖流,满满地都是感动。我在一个多么有爱的大家庭里呀,我再也不是一个人面对这些,瞬间有了面对困难的勇气。再后来,姜辰还冒着被感染的风险去车站帮我把我的妈妈接来医院。我在想,如果我不是在阿依来这个大家庭,没有认识那么多关心

我、爱我、为我甘愿冒风险的人，我该怎么办呢？真的，连想都不敢想。

在医院住了三天后，我终于可以出院了。回到家后，发现孩子用的东西都还没准备好，可是那个时候是疫情防控期间，大街小巷都没有开门的商店，快递也基本都停了，家里什么都没有。就在这时，康健又给我打电话说："现在估计什么都买不到，把我家里一些你现在着急用的拿过去用吧，我给你送去。你家娃小，我这天天在外面跑的，不安全，就给你送到楼下。"挂了电话，我又一次感受到了被关爱的温暖，在我需要的时候她又一次帮我脱离窘境。

2020年的疫情来得如此气势汹汹，让所有人都招架不住，整个城市停止了喧嚣。我家里年前储备的食物也都快吃光了，家里的冰箱几乎空空如也了，我正发愁接下来去哪里买肉、买蔬菜。一通温暖的视频电话又响起来了，是姜总和孟总，接通了视频，姜总、孟总首先就问我："身体恢复得怎样？孩子怎么样了？"听到姜总、孟总这一声声关切地问候，我的眼泪不住地在眼眶里打转。姜总、孟总接着问我："你们小区管得严不严呀，能不能让进去呀？我们想去看看你呢。"我赶忙说："别来了，外面疫情那么严重，您可不能冒这风险。"可是姜总、孟总还是坚持说："你别管了，正好给你拿点肉去看看你。"就这样，姜总、孟总来了，他们来可不是简简单单的问候两句，姜总、孟总和姜辰拎了几十斤的牛肉、土鸡、土鸡蛋和各种食材送来我家。要知道，我家住在六楼，姜总的腿当时正赶上痛风复发，正常走路都已经很困难了，还要上那么多级楼梯，就这样艰辛地提着大包小包送到我家。我当时心里真是说不出的滋味，"谢谢"两个字真的不足以表达我的感恩之情，我不知道要怎么形容那个时候的心情。我母亲跟我说："你们老板，是好老板，人家对咱那么好，咱一定得好好工作报答人家啊。"

就在这些爱我的人的保护下，我的月子坐得很顺利，紧接着，姜总、孟总和康健、闫姐（部门的同事和朋友）又一次来我家，送了很多的食物、

水果。我仔细看了看,才发现她们的用心——都是我爱吃的,一看就是跑了很多地方才买齐的。在疫情高峰的时候,真不知道她们是如何买齐这些东西的。想都不用想,肯定花费了很多时间和精力。那一刻,我心里说不出的感动。

就这样,我在大家爱的关心下,终于顺顺利利地出了月子。都说女人在生产完后,很容易得抑郁症,可是我想说,在这么多人的关爱下,我每一天都过得很开心。在这期间,还有很多的阿依来家人打电话、发微信一直在关心着我。人世间最温暖的事莫过于每天都有人关切地问候了吧。

我觉得我是一个幸运儿,遇到了一群有爱的人,共同组成了一个有爱的团队,想对所有我爱的人和爱我的人说一声"谢谢"。谢谢你们,点亮了我的缥缈人生,我很幸运,也很感恩,生活确实会有不尽如人意之处,但也常有意外之喜。我珍惜我现在所拥有的一切,家庭、事业、朋友,在今后的人生中,我也会将这些视为我至尊无比的瑰宝,小心珍藏,悉心爱护,为爱我的人和我爱的人带去更多的快乐与幸福。

今生遇见,何其幸运。

我是快乐餐饮人

阿依来，快乐来

快乐是自己找寻的

作者：伊刚

辽宁沈阳人，现任金钟河店烧烤主管。

座右铭：君子求诸己，小人求诸人。

有时，我总在思考，人活着最重要的事情是什么？我总在想我这一生在追求什么？过了很久我才明白我追求的是快乐。在追求快乐的路上每一天都没有浪费，每一刻都很充实。我也感悟到，快乐是自己给的，快乐是可以学会的。

如果你的快乐是你的恋人，那么和她待在一起的每一分钟，每一个点滴都是值得去纪念的，因为你找到了属于你的快乐；如果你的快乐是家人的陪伴，那么即使一整天都在家人身边，也不会乏味，因为在那一瞬间你找到了温暖与快乐；如果你的快乐是你的梦想，那么即使这一路满是荆棘，也值得去奋斗，因为你会通过一路上的披荆斩棘、无数次跌倒爬起而变得更加坚定、更加骄傲，为自己的奋斗而快乐和自豪。

快乐就像是一个身材矮小但是会发光发热的精灵，它会偷偷地藏起来，藏在工作中的每一个角落里，藏在生活中的每一个细节里，藏在人与人之间的每一次交流中，它无处不在，影响着我们。

"古有伯乐然后有千里马，千里马常有而伯乐不常有。"如果说"快乐"是千里马,那我们自己应该就是伯乐。

人这一生,不能太过平庸,要做一些事情让自己不留遗憾,有的人环游了世界,有的人有了自己的公司,有的人穷尽一生去追逐自己的梦想,在我的眼里他们都是伟大的,都没有让自己的人生变得平庸。我的生活需要一些东西,一些支撑,需要一些光亮来指引我前行,走向远方。

我叫伊刚,是阿依来新疆餐厅烧烤房的一名主管。我在阿依来工作两年了,刚来的时候我才18岁,是一个名副其实的烧烤小弟,那个时候一心想要去热菜部门,所以那个时候也没想过认真地学习烧烤,当时的工作于我而言也就仅仅是工作,因为我感觉只有在热菜部门我才能发光发亮。

那个时候的工作每天都是面临着大把大把的肉,羊肉羊油,从切到腌制到串再到烤。每一天都有数百的串从我的手里面穿出去,也许在外人眼里,我是一个很阳光的人,但是那个时候我感觉我面对我的工作已经没有了激情,只是每天无聊地做着平庸的工作罢了。

我相信,每个人都有破茧而出的时候。我的转变源于一堂课,那堂课,改变了

我是快乐餐饮人

阿依来，快乐来

我的一生。那堂课是一扇大门，让我知道了我欠缺的东西有很多，也让我把自己无知的信心和骄傲收了起来，开始虚心学习。那堂课，就是阿依来家族导师培训班。在课堂上，我学到两句话，"没有平庸的工作，只有平庸的人""学会和工作谈恋爱"。这两句话就是我人生的转折点，20岁的主管，卫生最干净的部门，店里的核心成员，课堂的小组队长，演讲比赛的总冠军，烧烤比赛的亚军，我开挂般的人生也就从这里开始了。

那两句话的激励让我对我的工作提起了很大的兴趣。如果我以前没做好，那我现在就要去做好，如果我以前不喜欢现在的工作，那我就要努力地喜欢上它。

当一个人的能力大过他的工作时，那么他得到的就是无聊；当一个人的能力小于他的工作时，那么他得到的就是焦虑与疲惫。我要找到我的平衡点，我要在工作中找到我的快乐。

最开始我找到的快乐很简单，我一个上午能穿200串羊肉串，那第二天我就努力穿到230串，我在这种和自己较量的方式中找到了超越的快乐。这种快乐牵引着我，让我不断地寻找它，250串、300串、350串、400串。我做到了，我终于让自己在和自己的"对战"中找到了胜利的快乐。但是好景不长，直到我一个上午可以穿出来一整天的量的时候，我发现穿串带给我的快乐没有以前那么有激情了。于是我开始疯狂地挤压自己的时间让自己学习烤串，每天一点一点地进步。有一段时间自己真的像疯子一样，渴望着生意忙碌，越忙越好，因为我要看看自己究竟有多强。在这种忙来忙去忽略时间的时光里，我找到了真正的快乐。从烧烤到做卫生，从做卫生到量化、上课、分享等一系列的工作让我再次找到了快乐。

我变成了一个开拓者，一个探索家，我在开发着属于我的一个又一个的快乐，一个又一个的动力，在我20岁的时候当上了主管。

这算是顶端吗？这就终结了吗？做到最好了吗？三省吾身，我一直在

问自己，每一次的回答也都是"不"！这并不算完，除了烧烤还有其他的部门，所有部门都做好了我就去做前厅。这种打鸡血似的状态在别人的眼里可能像一个"疯子"。没错，我就是一个"疯子"，我把很多人不看重的部门看得很重，我把所有的细节、所有的琐事都放在心上，我要在一份又一份的工作中找到属于我的快乐。快乐是自己给自己的，快乐是可以学会的。在这种追逐的过程中我找到了我的价值，我找到了属于我的快乐。这份激情让我变得不再平庸，这份快乐让我变得不再平凡。

午夜时分，一个"疯子"正陶醉在敲打键盘的声音当中，手飞快地在键盘上敲打着，找寻着那一份执着的快乐。

如果你的快乐是你的梦想，那么即使一路满是荆棘、跌倒、嘲笑也是值得去奋斗的。因为你会通过一路上的披荆斩棘，无数次跌倒爬起而变得更加的坚定，更加的骄傲，为自己的奋斗而快乐和自豪。

一次来自南方的心灵碰撞

作者：康健

天津人，现任管理公司行政部人事经理。

座右铭：一直走在更好的路上。

我们有时候会被一句话感动，因为真诚。

我们有时候会为一首歌流泪，因为动情。

我们有时候会为一件事，用心用情，因为真心。

我叫康健，是阿依来集团公司的员工。不，更确切地说是公司入职的第一个人。入职七年了，从阿依来还只有一家门店，到现在有了自己的集团公司、采购中心、四家门店，再到慢慢建立企业大学，我见证了阿依来的成长。2020年是个转折年，这一年发生了很多的故事，其中一件事给我留下了深刻的记忆，改变了我对生活的认知，我开始认为为他人创造惊喜是一件多么伟大的事。

故事还要从2020年的一次外出学习说起，姜总、孟总（阿依来创始人）在上海的一次餐饮专业课程上，在众多的餐饮大咖中，认识了来自深圳一家黑珍珠餐厅的美女老板，小莉姐。通过了解，才知道小莉姐的餐厅在深圳经营湖南菜，在不属于自己菜系的异地，却拿到了中国餐饮的最高荣誉——黑珍珠。孟总也跟小莉姐介绍了阿依来的发展及未来，俩人一拍即合，原来阿依来和小莉姐的餐厅竟有如此相似的经历，聊着聊着，

她们成了无话不说的好朋友。

课程结束后，两人回到了各自的城市，突然有一天，小莉姐说要带一些朋友来天津，想和阿依来组织一次互相交流和学习的活动。姜总、孟总得知后，马上召集了我们，将此次交流的时间告知大家，并且交代我们："这次的客人很重要，务必接待好。"

作为感动服务项目组负责人的我，自然承担起了接待贵宾的任务。姜总介绍完小莉姐和她朋友的企业后，我的心情真的是五味杂陈，心里一直在想：人家企业那么优秀，我们做些什么能感动他们呢，太难了。在和孟总的沟通中，孟总说："真正用心就可以接待好，你可以组建接待小组呀。"一句话好像阴雨天出现了一道彩虹，我茅塞顿开："对呀，团队的力量不是更伟大吗？"

说干就干，第二天一早，马上召集公司的小伙伴们商讨。大家你一个想法，我一个想法，越说越起劲，越说越开心，碰撞出了很多的点子。果然，团队的力量是无限大的。现场分工，说干就干。

我是快乐餐饮人
阿依来，快乐来

公司所有人开始分头行动，财务部的小伙伴也一起帮忙定制交流人员的抱枕。印上阿依来的Logo，完美！

磊磊同学在认真地查找对方的资料，创始人、门店、特征，想尽办法去了解，网上找不到的就求助同行，再不行就拜托当地朋友去打听，想尽办法了解对方的喜好、企业特征，以便让我们现场的介绍环节可以更出彩。

小宋同学也非常给力，设计本来就是要靠时间、靠灵感去完成的事情，可是说到接待这件事情，她就像开挂了一样，各种设计工作马上走起，很快就拿回各种定制板，还亲自动手将一张张照片贴到会场上。

设计员小宋亲自动手将照片贴好

闫姐是公司最贴心的大姐姐，在行政部所有人眼中，她就像我们的海螺姑娘，总是默默地为我们付出很多。得知参访团要来，一大早买了新鲜的水果，每一粒枣子都是洗过后仔细检查，再把枣上的水滴擦干净，最后装入精美的保鲜盒，贴上阿依来的Logo，简直不能再细心了。我们开玩笑地说："是不是有种给暗恋的男神准备惊喜的感觉呢？"

水果准备就绪后，公司写字好的小伙伴为准备的水果和阿依来特有含硒水写上一小段祝福。我心里默默地想：对方看到这些后，会是什么心情呢？

水果、润田翠水已经准备就绪，还要用最精美的袋子装好，打上漂亮的蝴蝶结。此时此刻，连公司里的理工男也开始上阵了。

用餐台卡可谓是难倒了公司一众的小伙伴，既要和对方有些关联，又要和阿依来有些关联，怎么办呢？酝酿再三，改了又改，终于得到了一个还算比较满意的方案。

好了，一切准备就绪，再配上来自新疆的干果和最甜美的水果，就等贵宾来了。此时此刻，公司所有的小伙伴心情都紧张得像去相亲一样，期待着对方看到我们精心准备的这一切。

去接贵宾的路上，两个漂亮小姐姐还在精心地打扮自己，像两个待嫁的新娘一样，一心想让客人见到阿依来最美的面貌。

接机也要有仪式感，带上阿馕叔的欢迎板，穿上最漂亮的新疆服，开始迎接最重要的客人了。

两个漂亮的小姐姐穿着最艳丽的新疆特色服装站在出站口等候，我和磊磊拿着阿馕叔的欢迎板，客人走出出站口的一瞬间，好像都忘记了和我们打招呼，一直拿着手机拍摄我们最隆重的欢迎场面。

我们的小姐姐们为客人送去了最热情的拥抱，欢迎来自远方的客人。

惊喜一环套一环，出了站，要准备上车了，小莉姐打开车门，他们看到

车上的抱枕时惊喜到尖叫。

好酒配好菜，我们的安大厨今日使出了浑身解数，对方给出高度评价——最有颜值的新疆菜。

吃过饭来公司分享了，大家全体起立迎接我们最珍贵的朋友！美丽的小莉姐第一个为我们分享，听到她的分享，不禁感叹，越优秀的人越努力，要学习的地方真的太多了。

带着阿馕叔的欢迎板，穿上漂亮的新疆服迎接最重要的客人

仟语的朱总详细为我们分享，他们企业对食材的追求，和阿依来真是如出一辙，朱总已经有50多家门店，而且九月份一个月就要开八家，还如此谦虚，真心让我们敬佩。

分享完毕后，客人来到奥城店参访，铁三角组织全店小伙伴出来迎接，站在路边欢迎客人，客人再次被我们的热情惊到了。

在奥城店门口，我们精心地为每一位客人奉上戴帽礼，将我们的真挚诚意献给我们最珍贵的客人们，客人们都万分开心。

每一位戴上新疆小帽的客人都颜值瞬间飙升，大家在奥城店门口留下珍贵的一幕。

在奥城店参访开始前，姜总亲自开场介绍门店的5S落地情况，进行参访的工作部署。

参访完毕，客人去用餐了，公司的小伙伴并没有停歇，马上连夜整理当天的照片，冲洗出来，放在我们精心准备的相册中。不得不说，团队的

力量真的很伟大。在大家的努力下，相册终于完成了，还附上了我们的祝福。

最后，把我们最珍贵的礼物新疆小帽、定制的抱枕，还有精美的相册全部装进礼品盒和礼品袋中，还特意准备了象征着南北拧成一股绳的天津巨无霸大麻花，很期待客人们见到相册时的样子。

第二天一早，我们将大大小小的礼品送到客人手中，客人十分惊喜，感叹阿依来的团队如此之快地准备好了一本厚厚的相册，一直不停地在翻看相册。

接待结束了，小莉姐对阿依来的团队做了高度评价，我的小伙伴们开心得不得了。原来为他人创造惊喜是一件如此开心的事。看着客人一次次被感动，我们自己也很感动。小伙伴们在合作中打开自己的心，团队成员彼此越靠越近了。

接待结束后，我们还组织接待小组用心地总结这次的活动。每次的活动都会有一些遗憾，这都是我们需要不断改进的地方。当然，也会有很多做得好的地方，要形成标准一直做下去。

活动结束后，姜总、孟总还特意请我们接待小组开心地大吃了一顿。简直开心到飞起，拥有如此有爱的大家长，团队中的每一个人都越来越有爱了。我想在每一次的感动服务中，我们不只在感动对方，也在感动着自己。感动服务没有捷径可走，只有"用心"二字。通过这一次活动，我们有信心把我们的服务不断迭代，一次比一次做得更好。

所谓爱出者爱返，福往者福来。予人玫瑰，手留余香。在为别人创造快乐的同时，自己也是快乐的最大收获者。

阿依来，快乐来！

我奋斗，我相信，我快乐

作者：田卫平

陕西西安人，现任奥城店店长。

座右铭：谦虚谨慎，务实从严。

我叫田卫平（现任阿依来奥城店店长，阿依来合伙人），从1998年元旦那天，在新疆克拉玛依市红旗大酒店进入厨房开始了我的厨艺人生。

17岁的我开始了人生的奋斗，直到2009年由于经济不景气才离开新疆，回到我的家乡西安。11年的时间里我做过学徒、配菜、厨师，在油田任炊事班班长，开过饭馆，做过生意。这些年我在新疆学习、成长，虽然很努力地工作，但是仍然一无所获，最后不得不离开新疆。

2010年，我经朋友介绍到自然资源部厨房上班，深深地感到在大城市生活的不容易。后来我妈在家乡开了个饭馆，她身体不好，干不了，让我回去接手她的店，这一干就是整整一年，这一年里我把一家日营业额五六百元的小店做到了最高日均1500元，高峰期基本上是天天满座。每天我和妻子都是早上七点准时起床，做一天的准备工作，九点钟雇的员工来上班后一起协助备餐，打扫卫生，这时候我才能抽出身来进行采买，中午高峰期过了还得出去补货，有时候忙得连吃饭的时间都没有，胃病也是那个时候饿出来的，到了年底一算总账，除去工人工资才挣了不到3万元，也

就是说我和妻子两个人平均一个月才1000多元，还担着风险，顶着压力。最后一家人一合计，觉得这样还不如出去打工。就这样，我的第二次创业宣告结束。

2011年，我和妻子一起来到天津，当时身上只有1000元钱。刚来的时候我在天津市月坛学生营养餐配送有限公司上班，一个月3000元，妻子也在里面，一个月2200元。刚来到大城市有了一个稍微稳定的工作，觉得还是比较满足的。但是随着天气转热，每次进厨房10分钟不到衣服和裤子都被汗水打湿，休息的时候先把鞋子里的汗水倒掉的时候，我就想：我也是在新疆学习了这么多年的人了，难道就这样成为一名普通的食品厂加工工人吗？这个想法一出来就一发不可收，我开始四处走动联系同行，最后托朋友在军垦宾馆联系到一个炒锅的位置，是尾灶，一个月3800元，就这样我离开了工作了近三个月的月坛营养餐，来到军垦宾馆。这一干就是两年，工资从一开始的3800元到4000元，再到4300元。这期间我明白了自己与其他师傅的差距在哪里，我自知技术一般，能力一般，所以，领导给我分配炒大盘鸡，我不但把鸡做好了，还主动帮别的师傅炒菜，在菜品上不懂的就问，反复琢磨，怎么样才能把菜做得更好，怎么样才能让别人看得起自己。经过两年的努力我终于发现我的做菜技术和他们水平一致了，终于进入一线厨师行列了。后来，由于军垦宾馆体制的原因我觉得自己的发展之路就此止步了。当时我看好快递业，所以辞职以后去了解快递市场，接洽了天天快递公司，准备交钱承包火车站后广场片区的时候，由于各种原因我又回到了餐饮行业。当时是给朋友帮忙，从2013年的六月份到八月底，三个月的时间，最后还是感觉这不是我想要的生活，加上季节性鼻炎的复发，我和妻子计划一起去青海西宁，带上我们这几年攒的5万元钱继续创业。很巧的是，当我在收拾行李的时候，上午十点多，突然接到一个改变我人生命运的电话，是姜总（阿依来老板）给我打来的。

我是快乐餐饮人
阿依来，快乐来

当时的我抱着一种同行加新疆老乡的心态和姜总聊起了新疆菜，这一聊就是半个多小时，直到放下手机才发现胳膊举得时间太长已经酸疼了。

九月初的一个下午我感觉鼻炎症状好了很多，想着在南开奥城这里有一个新疆老乡，电话里聊得还不错，在回去之前想拜会一下。于是和姜总打电话约了时间，穿着短裤拖鞋，坐地铁来到奥城，到奥城的时候都晚上八点多了。那天有球赛，人很多，姜总当时穿着白色T恤，短裤，也穿着凉鞋，还背着包，感觉很随和。我们在二楼10号台一起吃饭，在这个过程中姜总给我讲了很多关于把企业做大、做强的想法，当时的我哪听过这些啊，有点蒙。姜总突然

田卫平，现任奥城店店长

问我：如果让你来这里当厨师长，你工资要求是多少？我还没从朋友的身份反应过来，听到他这样问我，就有些局促地说6000元一个月。姜总听了哈哈大笑，他说：我这里的厨师长工资是8000元，没有6000元的，你要来就给你开8000元。当时对于每月拿4500元的我来说这差不多翻倍了，我连拒绝的想法都没有，当时一口就答应下来。

当天回去以后，我一直处在兴奋状态中，因为我从来都没有想过有一

天我会当一家餐厅的厨师长。当我把这件事说给别人听的时候,朋友还不信,觉得我在吹牛,我又给朋友说帮我联系招人,这时他们才真的相信。

两天以后我最重要的合作伙伴高洋通过朋友的介绍来到了天津,我带着他一起见姜总,这是我第二次见姜总。这一次姜总给我和高洋讲了未来阿依来要在天津实施第一个六年计划,要开6~10家店,未来我们都会有投资做老板的机会……那天我们聊了很多,大家都对未来的生活充满了憧憬。当时用了一周的时间就把厨房各部门(当时没有面点)除烧烤以外的人招齐了。9月17日,我和高洋带着厨房的兄弟们正式到阿依来入职,遇到了以后的搭档姜辰和付国。两个月以后,有一天姜总把我们四个叫到一起开会,他说:现在我们的月营业额是45万元左右,我们旁边的陕西一大碗家月营业额大概在60万元,我们的目标是超过他们,达到70万元,如果你们超过了,我拿出超出部分净利润的3%给你们四个分。会议结束后,大家还在想,现在一个月连50万元都卖不到,要想卖到70万元,谈何容易。次年二月份,我的助手高洋提出离职,当时对我的打击挺大,骨干力量的离开,肯定会对团队造成影响。没想到从2014年3月18日开始奥城店的生意突然好了起来,当月营业额就达到了姜总给我们许诺的奖励标准,那次我拿到了1000多元的奖金,第二月突破75万元,我拿到了3000元,接着就拿到了4000元、6000元,除了有几个月是淡季没拿到奖金以外,那一年我的收入是过去一年的三倍多。年底要开二店了,当时我和付国都面临着两个选择,一是投资二店,二是买房子。我经过再三考虑之后决定先投资二店,等有钱了再说买房子的事,因为我觉得房子又不会跑,随时都能买,可是投资的机会就一次,不可能天天都有人等你去。决定投资以后,11月的一天晚上我和李祖仁、姜辰来到了姜总家里,我们共同签下了入伙投资协议,这是我人生中最重要的一次投资,我对未来充满信心。2014年年底我们荣幸地成了家长会第一批正式成员。

2015年年初我们成立了管理公司，五月我们去新疆考察学习菜品，这一年奥城生意延续着上一年的惯性，依然是那么火爆，只要超出营业任务，每个月姜总基本上都会给我们6000元的奖金，直到年底开三店。当时由于我长期不注意身体而导致心脏不好，需要回去治疗，三店的投资就这么放弃了。

2016年年初公司成立了导师训，我由刚开始的不适应、不愿意学到后来的侃侃而谈，懂得了什么是团队，怎么才能带好团队。这一年姜辰离职了，他的离职对我来说又是一次打击，因为这些年一起走过来并且能坚持的人不多了，我们在一起也有着深厚的友谊。当时孟总给我说这个消息的时候我很不能理解，干得好好的为什么要离开呢？难道外面的钱就那么好挣吗？姜辰走后李总来奥城店。四月份的时候我拿到了我的第一次分红，6.6万元，比我2013年一年的收入还多。这一年奖金工资加分红差不多能拿到18万多元了。

到了2017年年初的时候，我拿到了第二次分红，这次是7.8万元，加上去年攒的钱有20多万元了，当时我刚好听同学说西安户籍政策要变了，就想赶紧回去买房子。把这事跟姜总一说，他当时就同意了，并且表示了支持，正是有了这份支持我才敢去西安买房子。经过一番艰难的选房、看房，最后买下了一套地铁口的120多平方米的房子，成交价每平方米6700元，按揭贷款额48万元，如果不是有这份工作和稳定的收入，我是不会去冒险买房子的，如果不相信姜总和孟总我也不会就这么去买房子的。我相信只要在阿依来，跟着姜总、孟总干，就一定会还清贷款的。

2018年年初，这次我不但拿到了二店分红9万多元，还拿到了奥城店的2017年身股分红，这个时候刚好赶上河北店的筹备，我这次依然选择了相信姜总、孟总，并且在得到我有资格投资的第一时间给姜总打款20万元，作为投资款。

这么多年，我时常在想，在阿依来的这八年，虽然我不是最优秀的，但我是最踏实的，虽然我不是最能言善辩的，但我是诚实守信的。这些年，阿依来在金钱和能力上都让我有了质的变化，使我从一个年收入不足5万元的穷小子成了现在年收入近30万元的管理者。使我从一个普通的厨师，成了一名优秀的店长。使我从一个自己开店赔钱的小老板，成了一名餐饮行业的5S专家。

这一切，都和阿依来分不开。

我时常想，我们奋斗的目的或者说动力是什么呢？我想，一定是财富上的收获，能力上的成长，生活上的稳定与幸福，家人的认可与骄傲，个人价值的实现，等等。但除此之外，还有一样，或者说以上所有的这些合在一起带来的一样，那就是"快乐"。

快乐，是我们奋斗的终极目标。与阿依来的结缘，让我收获了快乐，让我找到了目标。

对于有的人来说，工作是痛苦的。痛苦缘于看不到希望，缘于看不到结果。

在阿依来，我见证了当年姜总的构想。现在企业不仅成了天津知名的餐饮连锁品牌，还成立了管理公司与采购中心、研发中心、企业大学。

阿依来，在一步步地成长，我在阿依来获得了成功的喜悦。以前看电视，总是羡慕电视剧里的成功剧情，但那只是剧，并不是我。而今天，我不用再羡慕别人，我也不用再幻想剧情，我已是阿依来这部剧的主角。我身在这部成功的励志剧当中，感受着奋斗带给我的快乐。

成功者，是因为相信而看见。失败者，即使看见了也不相信。

我相信阿依来，所以我和阿依来一起成就。

阿依来，快乐来。

老付的快乐事业生涯

作者：邢田

湖北人，现任红旗路店主管。

座右铭：站在迎着光的地方，活成自己想要的样子。

荆棘谱写阅历，曲折奠基成就，成就带来快乐。最纯粹的快乐，总是伴随着磨难与汗水。在荆棘曲折中摸索前行从未停止……

今天这篇故事我将记录一个"老餐饮人的阿依来生涯史"，从抵触新疆菜到接受，到创新，再到担任店长的一个"劫"生改变的过程，希望通过他的故事给每一个正在奋斗的阿依来人以启示。

"付"出得回报，"国"强则民安（这里的国，指的是企业、集体）。接下来我说的付国是一个人名，是阿依来红旗路店原店长的名字（我称其老付，本篇主要讲述老付的故事）。

一、某个普通人的选择

"如果让你重新做一次选择，你还会选择留在这里吗？"

"会的，我还是会选择留在这里。"

时间倒退到2013年5月3日，此时的"老付"背负着全家人的寄托，踏上开往天津的火车。

他计划找一份可以看到未来的工作，在那里发光发热，发挥自己的

价值,跟很多小青年一样,他对自己充满了信心,对未来充满了憧憬。然而现实与理想之间总是存在巨大的鸿沟。初到天津的他,没有背景、没有门路,在寻找工作的过程中饱受挫折,吃了无数闭门羹。随着时间的累加,他渐渐感到沮丧、迷茫、无助,自信心也被消磨殆尽,有种英雄无用武之地的感觉。

也正印证了那句话,"天将降大任于斯人也,必先苦其心志……"又好似冥冥之中自有定数,8月3日濒临崩溃的老付接到一通转折性意义的电话,是姜总(阿依来老板)打来的。

"你好,我是姜子介(那个时候的姜总兼任奥城店店长),我们这边需要一名前厅经理。感兴趣的话可以到店里看看,我们谈一谈。"电话那边传来沉稳且带有磁性的声音。

"好的,好的,我们定个时间,您给我发个位置。"这声音像是一道曙光,让老付看到了希望,他的声音中带着难以掩饰的喜悦。

放下电话老付开心得像个孩子,他觉得自己的坚持是值得的,是有意义的。

老付说:第一眼见姜总的时候,就像看见了信仰。我想这也是老付跟随姜总这么多年的原因之一吧。

2013年8月5日,老付加入了"阿依来"这个大家庭。老付之前在北京一直做中餐,没想过会接触新疆餐,这么小的店面,当时他心里是瞧不上的。那是什么原因让他留在这里的呢?

为此我(邢田,时任红旗路店前厅主管)与他进行了一个多小时的交谈。

他坐在办公室的椅子上点燃一支烟,看着电脑屏幕陷入了沉思。思绪良久,他缓缓开口:"我决定留下来,一方面是迫于压力,但更多的是我从姜总眼中看到了他对餐饮行业的专注、热爱与使命感,这让我很感动。他的思想给我带来了无法想象的冲击,我从来没有想到一家新疆餐厅的老板,会有这么宏大的志向,让我深深折服,尤其是我对这家企业进一步了解之后,我发现企业的中心思想、发展愿景,让我心生向往,所以我选择留了下来。"

"那你觉得阿依来的企业文化最吸引你的是哪一点呢?"在沉寂半刻之后我接着问。他夹着烟猛吸一口陷入了回忆:

"立志打造'家'文化这一点将我深深吸引,把企业当家喊口号的有很多,但是真正去落实去做的却少之又少。家的含义如果只是形式那么就是空谈,真正的家是快乐的源泉。在这里我感受到了家的信任、家的快乐。我记得在我来不久,在跟姜辰(原奥城店第二任店长)的对话中得知姜总、孟总(阿依来老板)因工作需要,要到外地出差学习,店里以后所有的事情都要交给我跟姜辰来做。那个时候收益并不是特别理想,一天的营业额在8000元左右,如此重担交给我们,我在感激信任之余,也充满了斗志。在那段时间,我与姜辰加上前厅的小伙伴们,我们肩并肩、手携手,在我们的共同努力之下,12月的时候营业额从8000多、1.5万元、2.3万元噌噌往上走,看看大家全力打拼的一切得到回报的时候,我觉得特别的满足、自豪和快乐。

"年底姜总、孟总学习回来了,看到现在的营业额非常满

在阿依来2019年的年会中获奖

意。他们回来的第一件事就是犒劳家里的兄弟姐妹们，召集店里的铁三角（时任店长姜辰、前厅经理付国、厨师长田卫平）。姜总问：'你们觉得这个奖金该怎么发？'五花八门的答案都不是姜总心中的答案。

"姜总说：'发888，这一年我跟孟总不在家里，很感谢兄弟姐妹们的付出，能取得如此优异的成绩离不开全店上下所有人的辛勤付出，钱说多不多，但这是我跟孟总的一个心意，愿来年我们有更出色的成绩。'

"其实钱什么的倒是没让我有多少触动，最大的触动来自姜总对我们的信任，以及把我们记挂于心的爱，像父母时刻惦记孩子一样的爱。"

说到这里老付的脸上满是满足与自豪，沉浸其中。哪一个漂泊的浪子不想有一份"家"的归属？在阿依来这个"家"里有大家长给予的认同感，小伙伴们给予的安全感、归属感。它吸引着更多在外漂泊的浪子。其中有你，也有我。

二、万事开头难

2016年1月，老付以店长的身份调任万达新店，"春种一粒粟，秋收万颗子"说的就是老付这种不计得失、甘愿付出的人吧。

1月9日星期六，这是万达店开业的第三天，店门口照常排起了长长的队伍，沉浸在喜悦中的老付没有感知到一件天大的事正在慢慢向他靠近。

停燃气了⋯⋯

在奥城老店的时候，用的是煤气罐子，没有先例经验的老付整个人都呆住了。对一家餐厅来说，如果没有燃气，后果意味着什么？此时正处于上客高峰期，堂食未上菜的客人、门外排队已久的客人，该怎么安抚他们？

团队的重要性在这个时候体现得淋漓尽致，姜总、孟总紧急召集公司管理人员亲自带队挨桌给客人道歉，在马总（运营部总监）的"神通广大"下买上了天然气，恢复了正常营业。尽管如此也是于事无补的，餐饮错过了高峰期就像手拿彩票错过领奖时间一样令人遗憾和懊恼。

我是快乐餐饮人
阿依来，快乐来

据粗略估算，当时损失近2万元，内疚无比的老付，在一旁自责抹眼泪，将这一切尽收眼底的孟总（阿依来老板）走过去安慰老付说：没关系的老付，姜总一会过来了你跟姜总说一下就行。在孟总给的安慰和鼓励下，老付鼓足勇气，愧疚地跟姜总说：姜总，实在对不起，是我考虑不够周全。

姜总说：没关系，兄弟，谁都有第一次经历，谁也不想看见这样的事，以后注意就好了，也不能全怪你。

三、一波未平一波又起

该来的始终会来，千万别太着急，如果你失去耐心，就会失去更多。该走过的路总是要走过的，哪怕最后转了一个大弯。路上你看到的风景总是属于你自己的，没有人能夺走它。

2018年4月26日，老付带着沉重的心情加入了红旗路店。

在聊到从万达转战红旗路的时候，老付沉思了好久……

我："你有过低谷吗？"

老付："相当低谷。有一天，姜总找我说中北镇装修完把我调那去，其实那个时候我是想给万达店善

邢田，现任红旗路店主管

后就不干了，就跟他说'再说吧'。后来也是因为一些原因赶巧红旗路的店长要走了，那个时候也是没人，姜总找到我说让我来红旗路店，姜总待我不薄，为兄弟两肋插刀，我也就答应了来红旗路店。"

红旗路店是每个人都想去的地方，因为红旗路店的生意最好，人气最旺！都是可望不可求，而当时老付去的时候心理压力非常大。因为之前在万达店受过打击。在我们大家长不断地鼓励下还是给了自己一个成长的机会，挥泪甩手过去勇敢面对未来！就这样，老付在阿依来红旗路店的征程正式开始了。走马上任后的一段时间里，老付心里还是有一些莫名的压力。虽然说都是阿依来，但是团队不同，老付心里还是有一些小小的顾虑。随着时间的推移，老付与团队之间慢慢地融合，慢慢地打消了他心里的顾虑！老付通过观察发现烧烤部出现了一些问题，羊肉串烤出来都是干巴巴的，甚至烤煳了还敢给客人上。幸运的是老付第一时间就发现了问题。老付气愤地拿起羊肉串去找部门主管。

老付：这种品质你也敢出，要是你点的你会吃吗？你让客人怎么想，我们的品牌还怎么去打造？这样会把大家都害死，你知道吗？

烧烤主管：……（当时老付说了好多，他哑口无言，想必他也知道错了。）

但这已经不是第一次了，已经超越了阿依来用人的底线，有句话说得好：志不同道不合，不相为谋。老付把整个烧烤部门全部换掉了（都说老付是有名的狠！但老付正直！为了企业会不顾一切，坚持自己的正义）。也正是这一举动，让我们迎来了一个崭新的开始，烧烤部来了一个新的师傅，他叫孙志虎，也就是我们在以后工作中非常欣赏和认可的虎哥！他的到来让我们整个烧烤部门的出品发生了翻天覆地的变化，短短一年的时间里他带出的徒弟就有三四个。其中最优秀的徒弟就是我们现在的马腾龙师傅。这让老付的心里有了很多的喜悦和快乐，因为心里的病终于治好

我是快乐餐饮人
阿依来，快乐来

了。有句话叫"好事成双"，这时有个叫李金勇（现金钟河店店长）的人出现了。因为每个人的性格不同，所表现出的优势也不同，他们三个当中老付正直外向，厨师长耿直内敛，而老李幽默活跃，刚好起到了一个平衡互补的作用，这也是我们眼中的完美组合。

在红旗路店，老付工作兢兢业业，老付来的一年多的时间里红旗路店的环境有了很大的变化，对员工也更加贴心。大家心里都非常喜欢他、敬畏他。就算经常加班加点，在老付的脸上始终看到的也都是喜悦和欢乐！这也就是大家敬畏他的一个原因吧！当然，这种快乐背后有更多的收获！

老付在阿依来的这八年当中，有了自己的房子和两辆汽车，他自己也改变了许多，变得更加成熟、变得更加自信、变得更加迷人。

一切的成就与快乐都基于一个充满爱的平台。它（阿依来）像是餐饮界的一匹黑马，给员工带来家的感受，你若问它归处，我直指餐饮巅峰……

番外篇

万达新店距离老付的家来回100多公里，那个时候老付的代步工具是电瓶车，1月的天津格外寒冷，因怕来回太折腾，老付多数的时间是以店为家，住在店里。全身心的工作投入以及遥远的路程，使他没有多余的时间陪伴家里的妻子、孩子。

为此，老付与妻子之间产生了矛盾。但他终究把一切都扛了下来，他答应妻子不管多晚，晚上他都会回去陪伴。这一坚持就是两年多，天寒地冻的天气没有对这个柔情的男子心存怜悯，早晨别人还在睡觉的时候老付就骑车出门了，晚上回去一趟得下车蹦跳、搓手三四回才能坚持到家，用老付的话讲"手脚冻得麻木，不下车搓搓都捏不住车闸"。

辛苦吗？辛苦；值得吗？值得。

生日的梗

作者：李英

陕西商洛人，现任管理公司运营部服务经理。

座右铭：我自信，我成功。

"生日快乐"一句简单的话，却带着深重的含义，代表着有人在关心你、惦记你，见证你的成长。每个人都希望有人时刻在关心自己，尤其是身在外地，更是希望在茫茫人海中，有人记得自己的存在，有人对自己说声"生日快乐"，来填补自己内心的小满足。

我是来自陕西的一名女孩，我叫李英，来到大"哏都"（天津）已经16年了。在大"哏都"漂泊这么长的时间，在这里安了家，和大"哏都"建立了深厚的感情，大"哏都"相当于我的第二故乡。和大部分外地来的孩子一样，我也渴望被人关注，被人惦记，来证明自己的存在和价值。

我在生日的当天和阿依来结下缘分，当时怀着忐忑的心和马总交谈完毕后，到公司的楼下庆祝自己的生日，因为这个生日意义非凡，让我也对生活有了重新的认知。

荏苒的时光就这样悄悄地、慢慢地流逝，很快到阿依来工作已经有一年的时间。2019年8月8日，我像往常一样来公司上班，突然接到姜总（阿依来老板）的一个电话："李英，你来下大包间，找你有点事。"当时

我是快乐餐饮人
阿依来，快乐来

我有点紧张，因为平时很少接到姜总的电话，以为自己做错了事情，怀着忐忑的心情来到大包间。当到了大包间看到姜总的时候，姜总微笑着对我说了句："生日快乐，孟总给你挑选了适合你的礼物，希望你越来越漂亮。"听到这样的话，当时的我就愣住了，眼泪立刻就在眼眶里打转，不敢多说什么，怕自己不争气的眼泪流出来，就和大家长说"我都快哭了"，当时只能用鞠躬来表示感谢。当我拎着沉甸甸的礼物，回到办公室后，我的眼泪流下来了，是因为内心的感动。因为从业以来，没有哪位老板还这么惦记员工，生日都记得这么清楚，自己当时就暗自承诺，一定要在这里好好工作，用实际行动来回报大家长的用心。

时光在流逝，万物在更新，我在阿依来继续成长。2020年8月8日，是周六在家睡懒觉的日子，我被手机的微信提示声吵醒了，看看时间8：55，心里想：这大周末的打扰我的美梦。可是当我打开微信赫然看到姜总和孟总的留言和语音祝福时，瞬间呆住了：大家长还在出差，还记得我的生日，一大早就发来祝福的信息，而且也是第一个祝福我生日的人。我就这样一次一次被打动、被感动，感受着家一样的温暖。这就是阿依来一直倡导的企业文化——爱，真的把我们当成自己的家人看待，特别的日子会

生日面要有创新和心意

送上最真挚的祝福,让我们感受到家一样的舒适,家人般的爱。

大家长不是只记得我一个人的生日,而且记得阿依来每位核心人员的生日,也时刻关注着店里伙伴的生日,也一直在强调要给员工惊喜,生日面要有创新和心意,要给伙伴关怀,铁三角(店长、经理、厨师长)一定要在伙伴生日当天为其庆生。为了激励大家做得更好,还用奖励机制来激励大家。大家长的关怀、用心,对我们辛勤努力工作的认可,让大家远在千里之外也能找到"家"的感觉,所有的辛苦仿佛一下子减轻了很多,再苦再累都是值得的。

铁三角一定要在伙伴生日当天为其庆生

姜总、孟总一句"生日快乐",更加坚定了我在阿依来工作的决心,让我的心和阿依来贴得更近。我感受到浓浓的爱,而我除了用工作来回报大家长的爱,我还能做什么呢?我要用自己的行动将

瞧,姐妹情深

我是快乐餐饮人
阿依来，快乐来

这份爱传递下去，让更多的伙伴感受到爱，感受到家的温暖。说干就干，行动起来。2020年九月份，开始传递我的爱，收集到前厅伙伴的生日，在伙伴生日的清晨第一时间为他们送上祝福，送上生日礼物。当看到伙伴接到祝福和礼物时的喜悦时，我自己真的很开心、很快乐。大家不会在乎到底收到了什

这样的生日快乐歌动听

么礼物，在乎的是有人关心自己、惦念自己、认可自己。

"员工快乐、顾客快乐、供应商快乐、合伙人快乐"是阿依来的目标，也是我们每个人的福分，我们感受到阿依来如家般的爱。相信阿依来会成为顾客深爱的餐厅，员工依恋的企业。我爱阿依来，我为阿依来代言，我自豪，我骄傲！

让我们把爱传递下去，传递爱就是传递快乐！

阿依来，快乐来，让这句话永远地流传下去……

拾荒大叔

作者：邢田

湖北人，现任红旗路店主管。

座右铭：站在迎着光的地方，活成自己想要的样子。

我叫邢田，大家都叫我大田。我是一个爱笑的女孩子。我现在就职于阿依来新疆餐厅红旗路店主管。

2020年9月15日是一个令人喜悦的日子（发工资）。我正琢磨着晚上去哪里玩，下午两点多的时候，店外消防通道口的"不明物"引起了大家的注意，来来往往总有家人问，那一堆是什么呀？这也勾起了我的好奇心，后来我发现这个近两米高的"垃圾堆"，其实是一个装满拾荒废品的脚踏三轮车。

在正式接待客人之前，陈经理（前厅经理）例行检查开餐工作，发现三轮脚踏车旁边有一位蜷缩的大叔，正在塑料袋里翻东西吃，于是就问保安孙大哥："他吃的是哪里来的？"孙大哥说："地铁的工作人员给的一些剩菜剩饭。"陈经理了解情况之后就回到店里，去面点房找了石师傅，石师傅听了马上就给打包了两个热乎乎的烤包子。陈经理嘱咐我给大叔送过去。我握着手里的两个烤包子，第一次觉得那么沉重，还有一丝难为情，我怕大叔害怕我靠近他，我怕对视上他那无助的眼睛。我蹲在大叔旁边，那一刻我不知道以什么样的方式开始这场对话，我结巴了一下，一时

我是快乐餐饮人
阿依来，快乐来

不知道怎么开口，就跟突然失声一样，我不知道自己的行为会不会让他感觉到不舒服。我深吸一口气，弱弱地张开了嘴……

我：叔叔，这是我家的烤包子，我们经理嘱咐我把它拿给你，一定要趁热吃，慢点吃，吃快了对胃不好！（我尽量使我的声音保持平和，但声音像是从喉咙里挤出来一样，显得有点紧张）

大叔：谢谢、谢谢……（忘记了颤抖的声音把这两个字重复了多少次，他颤颤巍巍地接过包子）

"我该怎么感谢你们呢？"大叔有点手足无措，我看出他比我还紧张。听到这句话的一刹那，我的鼻子顿时酸酸的。

我：不用，不用，您拿着吃吧。不够的话我再给您拿几个。

大叔：我是不是在这里影响到你们生意了？（大叔小心翼翼地问，眼神里带着一丝不好意思）

我：没有，没有，大叔，真的没有。

快速说完我就逃一般地跑回了店里，像被刺伤的松鼠一样。把一切尽收眼底的陈经理也哭了，那一刻我想我们的感受是一样的，都想到了家中我们的父母……

后来我发现大叔挪到地铁口外，挪到马路对面，挪出了我的视线……那天下午没有再看到他，内心多了一点惆怅。

晚上下班的路上，我又见到了大叔，他双膝跪在地上，双手伏地，头枕在手上睡着了，地上就铺了一条薄薄的毛巾，身上盖着塑料雨衣。我不敢多做停留跑回了宿舍。

我给我的小伙伴（红霞姐）说了这件事情，我们一起把宿舍闲置的干净被子整理在一起，又去超市买了吃的。我们准备等再遇见大叔，在力所能及的范围里给他一点温暖。

环境影响行为，我们给予别人温暖的背后是阿依来塑造"爱"的大环

境给我们带来的动力。以前碰到这样的情况我也会于心不忍，但很少去做点什么。但是现在不一样，我们企业提倡"爱"、发扬"爱"、传播"爱"，我们每天都在实践塑造"爱"的行为。正是因为整个环境的影响使得我们愿意在分享"爱"的过程中寻找快乐，创造温暖。阿依来人通过"微笑""给予""认同""帮助"，增加了我们与小伙伴、顾客、供货商，甚至是需要帮助的人之间的感情连接，给身边人带来幸福感，带来快乐！

这个世界需要爱，爱给这个世界带来了快乐与美好。经历过痛苦与磨难的人才能真正感受到爱的温暖。我们喜欢童话故事，在童话世界里快乐与爱无处不在，我们喜欢逃避现实世界。虽然我们不能改变这个世界，但是我们可以选择爱这个世界。

每日醒来我都会被快乐填满，在我的身边有一群可爱的"阿依来家人"，他们用自己的无私深深地影响着我，正因为我感受到了，所以我更加明白，我可以通过自己的行为创造属于我自己的童话。如果你问我：你所给予的这一点点爱，能温暖这个世界吗？我会不加思索地告诉你：能！

因为，积少成多。一个人的力量虽然是有限的，但是在我的身边爱的星星之火无处不在，它们终将燎原。

相亲相爱一家人

作者：姜亮

河北石家庄人，现任管理公司行政部推广。

座右铭：不为失败找借口，只为成功找方法。

阿依来就是一个家，阿依来的快乐来自相互的帮扶和给予。

阿依来在维吾尔语中是"家"的意思。当然，我们的企业文化也是家文化。姜总和孟总是我们的老板，他们就好像我们家族中的长辈一样，在阿依来，所有员工都亲切地叫他们"大家长"。在家人们眼里，阿依来就好像是一个大家族，而每一个单位又是一个小家庭。家人之间，除了日常的同事关系之外，还融合了很多不可分割的情感。

时间回溯到2018年8月17日，第二天就是金钟河大街店预计开业的日子了，我在完成我所负责的开业前准备工作之后，我自己也不争气地病倒了。

从门店走出来的时候已经是半夜11点多，感觉身体有点发飘，不仅发烧，还不停咳嗽。大家长看到我状态不对，亲自送我去了医院，之后在急诊打了几天的消炎药，仍然不见起色。

见我不见好转，公司的几个人组队直接杀到我家里，把我强行带去了另一家更好的医院。检查结果出来后，肺部的一大片阴影把在场的人吓出一身冷汗。医生说：这是很严重的肺炎，如果再等几天，可能就有生命

危险了。紧接着,有人负责看着我,有人负责拿着资料去办住院手续,有人负责回家帮我拿一些资料和生活用品。本来独立要强的我,此时此刻就好像一个需要被照顾的婴儿一样。几位家人忙里忙外,最后等我在病床上安心躺下来的时候,洗漱用品、水果和牛奶、水杯、充电器、换洗衣物,还有一本我一直没时间看的书,全都已经准备齐全。

第二天一大早,我还没有完全睡醒,我们公司的行政助理闫姐,已经微笑着出现在病房里了,左手还提着热乎的小米粥和包子。为了我在生病期间能够得到及时地照顾,大家长特意安排公司的家人们轮班来照看我,陪我聊天,带我去做检查,给我买饭。此时,一方面我为自己

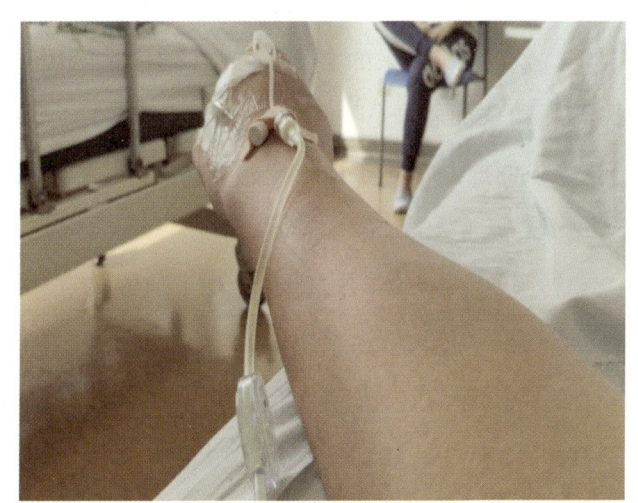

2018年8月19日我在医院输液

的病情耽误了大家的时间而感到惭愧,另一方面又觉得在这个大家庭中工作和生活,我太幸福了。

在住院期间,门店的家人们还自发地组织起来看望我,这种场面就好像是亲戚邻里探望生病的亲人一样。每个人眼里充满的都是关心,让人感觉心里暖暖的。转眼15天过去了,我可以精神抖擞地出院了,家人们还专门来帮我收拾行李,开车来接我回家。回到家里,我在管理群里分享了我这几天的感受,同时感谢家人们对我的照顾。

我讲述的这件事情,主角并不是我,而是在生病期间照顾我的公司

的家人们。他们把我从家里拽到医院时,满脸都写着担心和关注;他们在照顾生病的我时,脸上洋溢的却是快乐和幸福。

现在已经是行政部副总监的张磊,在把住院的一切安顿好之后,双手叉腰,开心地笑了起来;陈妈(阿依来已退休的财务主管)听到医生说我病情好转之后,一边削苹果一边开心地笑了起来;闫姐在给我送饭时,看到我生龙活虎的状态,也开心地笑了起来;人事经理康健看到我可以出院了,一边提行李一边开心地笑了起来……

"爱"是阿依来的文化核心,在阿依来的团队中,每一位家人手中都捧着一颗象征着"爱"的小心心,脸上洋溢着温暖的微笑。在我生病期间,家人们把爱手把手地传递给了我,这让我感觉到家庭的温暖。在阿依来我不是孤苦无依的。

转眼到了2018年11月,我参加了阿依来和当地公益组织合作的"粉红课桌"助学活动。在这次活动中,身份反过来了,我成了手中捧着一颗爱心的帮扶者。我们来到了承德和内蒙古交界的山区,山区的小朋友生活条件艰苦,有些还住在土搭的小房子里,窗户都是用塑料袋挡着的。我们为孩子们送去了助学金、书包文具,还为条件艰苦的家庭单独派发了米面油。离开时,每个孩子、每个家庭都送了我们很远。

有人说,小快乐来自满足自己的需求,大快乐则来自被需要、被认可。从山区回来的路上,我在心里复盘着本次助学行对个人成长的意义,内心竟然充盈着一种被需要的感觉,这种感觉是如此快乐幸福。脑子里久久不能散去的是,孩子们那一张张冻得发红的小脸蛋上天真烂漫的笑容。这些笑容就像阳光一样,洒在我的心里温暖着我。我也不自觉地、微微地弯起了嘴角。

一个人被帮助过,就会更加努力地去帮助其他人。在帮助别人的路上,也收获了快乐和幸福。

  在我人生之路上遇到荆棘时,总会有阿依来的伙伴,用温暖的笑脸鼓励我渡过难关,而我也会带着微笑去帮助其他伙伴。阿依来就是这样一个"家",家人互相帮扶、互相认同、互相付出,最终收获的是大快乐。

  把伙伴当成家人,帮助家人把问题解决了我就会觉得特别开心。而这份快乐的种子,是阿依来种在我心里的,通过家人的关怀,生根发芽,春去秋来,到收获的季节,这颗快乐的种子,也由我再次散发出去,合着更多的阿依来爱的种子,在更广袤的土壤中茁壮成长。阿依来必将成为快乐的源泉。

  阿依来,快乐来!

小宇宙爆发了

作者：张磊

安徽人，现任管理公司行政副总监。

座右铭：80%=0，100%=100，要么不做，要么拼命做。

我们的一生，是充满冒险与考验的旅程，旅程中会有惊喜，会有欢乐，当然，也不免交织着苦涩，交织着迷茫。我们无法预测下一步将会发生什么，因此我们都充满了期待。只有懂得在考验中磨炼自己，才能实现人生的价值，才会逐步成长。

今天要讲的故事的主人公叫康健，看到这个名字大家一定会想，反过来不就是健康嘛。对的，当初我第一次听到这个名字就觉得非常有意思，相信当时叔叔阿姨给康健取名时一定是希望她一生健康快乐。

康健是我来天津认识的第一个朋友，2015年的那个秋天，因为第一次来天津，人生地不熟，姜总、孟总安排她来车站接的我，她给我的第一印象就是标准的北方姑娘，个子高高的，五官非常立体，非常漂亮，为人处世也非常真诚，当然也继承了天津当地人的一种特质——生活安逸。

她是天津将和佳餐饮管理有限公司（阿依来旗下）的第一位员工——人事专员，当时我和她在一个部门，都隶属行政部，我和她是搭档。当时我们相处得非常好，后来我们成了好朋友。当时的她24岁，从学校毕业才一年多，处于一种非常迷茫的状态，没有什么社会经验，再加上自己的家庭也没有什么负担，生活也是很轻松没有压力，对事业好像也很懵懂，当时她的工作内容也是非常地简单，就是人事的基础工作，工作量也不大，每天都是轻松快乐的，工作上没有太多的主动性和积极性。

2017年6月18日，她步入了人生的另一个阶段，成了人妻，随后就是怀孕生子，老话都说"一孕傻三年"，但在阿依来好像不存在这种现象。这可能就是康健人生的转折点，都说生孩子是女人必经的"鬼门关"，也许是从这道"鬼门关"走过一遭，让她变得更加坚强，也许是有了一个新的身份——妈妈，让她变得更加有责任感和担当了，反正我觉得她变了，已不再是我当初刚认识的那个24岁的青葱少女。

2018年6月1日是康健产后上班的第一天，原本她产假应该休到7月1日。正好当时我们行政部的总监离职，所有的工作都压在我一个人身上，而且由于行政总监的离职，我有一点慌神，我就打电话给康健，她知道后立马向姜总、孟总申请提前来上班。本来我和她在工作上一直都是很依赖我们总监，总监离职后，我们都感觉像失去了一个保护罩。康健回到部门开始上班，她对我也是格外照顾，上班的那天我们聊了很多，还记得她当时说了一句让我印象非常深的话，她说："没事，总监走了，我们还可以互相依附的呀，咱不懂就问，做的事情我们自己多检查几遍，多想想，多思考，

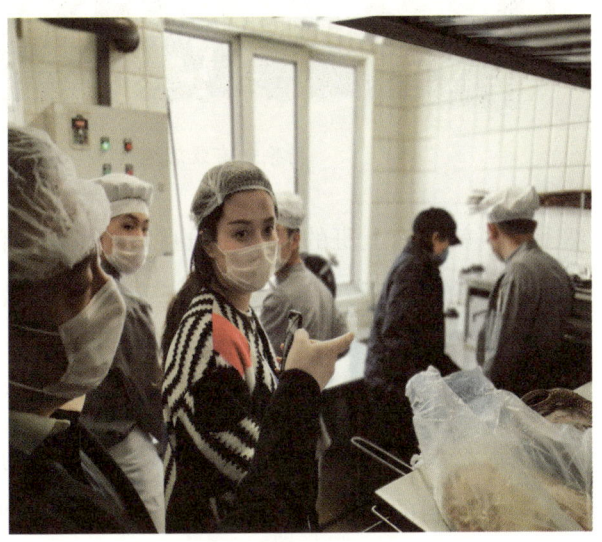

每天5S

三个臭皮匠还能顶一个诸葛亮呢，咱俩搭档，撑起一个行政部，那还不是绰绰有余吗。"听了这句话后，我觉得自己瞬间也释然了，毕竟天下没有不散的宴席，路在前方，留下来的人还是要继续走完该走的路，那就干吧。跟总监一起共事那么多年，按照她平时的工作方法和对待事情的态度去做，应该没有问题的，就算有问题解决就是了。那一刻我觉得我们都长大了，可以去面对"大人"的世界了。

那个时候，确实很忙，产假还没有结束，她就提前一个月上班，正好还赶上中北镇店和金钟河大街店开业。那个时候，她白天帮门店发传单，晚上去店里做一线的工作，当时她的孩子还只有三四个月大，每天晚上都会因为见不到妈妈哭个不停。但是，每次她都会说："既

指导5S有效落地

然上班了就要有上班的样子，我也舍不得孩子，但我是一个妈妈，同时也是阿依来的一分子。"从那天之后，只要姜总、孟总（阿依来老板）安排了活她就去干，安排多少她就干多少，干的过程中一次比一次有心得，一次比一次做得好一些。到后来每次姜总、孟总给了活，她就开始思考姜总、孟总为什么要让她干这件事情，让她干这件事的目的是什么，要怎么做才能达到这个目的。可能人的能力就是这样练出来的。工作越来越多的时候，也是一个人成长最快的时候，慢慢地，我觉得她和姜总、孟总在工作

上配合得越来越默契,姜总、孟总一个眼神,她就知道姜总、孟总接下来要说的话、要做的事了。

是金子总会发光的。她的光芒已经放射出来了,被姜总、孟总发现了,他们也是越来越喜欢安排工作给她,直到一个大的契机出现。

2019年八月份,姜总、孟总去北京学习专业的餐饮管理课程,报了源全管理系统落地方案班,当时需要团队去上落地班,在选人员去上方案班的时候,姜总、孟总想都没想,就钦点了康健参加项目学习。方案班一共两期,都是去

南方区餐饮大咖

北京学习,学完回来后就成立源全管理系统项目小组,当时我和她都是项目小组的成员,因为要将源全管理系统在奥城店落地,所以要经常去门店工作,而那个时候我已怀孕五个多月。我记得特别清楚,在门店里,她工作非常努力,很多事情她都是亲力亲为,因为是新的项目,没有人知道怎么去做才是正确的。就这样,她一步一步亲自带着大家去做,做的过程中也会经常出现问题,然后一遍一遍地整改。有的时候连续好几天都做到半夜12点多才回家。那个时候她很辛苦,压力非常大,孩子刚刚1岁多,每晚都会因为见不到妈妈而哭闹,家人也偶尔会对她天天不着家而有点小抱怨。尽管如此,她还在咬牙坚持,也许是想给孩子做一个好的榜样,也许是心里还有一份想把工作做得更好的执念,就这样,一直坚持到2020年的春节。

我是快乐餐饮人
阿依来，快乐来

正当一切准备就绪，我们要考牌时，整个城市似乎按下了暂停键，当时我也回家待产了。但是，她依然留守岗位，坚持每天去门店给所有员工进行培训，每天戴着口罩一讲就是一整天。试想，我们戴着口罩不说话都会觉得特别闷，更不要说站在台上讲一天，一定很不舒服吧。与此同时，她还继续在店里把源全管理系统修养做了起来。有一次她在去店里的路上，给我发路况视频，然后开玩笑地跟我说："看到没，整个马路好像都被我承包了，一辆车一个行人都没有。"我不知道她在说这些的时候是什么心情，但是我想，那个时候，她的压力一定比谁都大，毕竟病毒不会分辨你是谁，你是否正在做有意义的事情，但凡你稍不留神，可能就会染病上身。

历经100多个难忘的日日夜夜，疫情也逐渐缓和了下来，我们阿依来的5S也终于考牌成功了，当时的她笑得跟孩子一样开心，当然也得到了她付出后的礼物——升职加薪。

漫天雪花中的康健

慢慢地，各种项目接踵而来，她很自然地就成了"感动服务"项目的负责人，随后成功地完成了一次又一次地感动服务：奥城店的110人团餐、南方区餐饮同学赋能交流，还有各地来参访的同学们。她每次都爆发自己的小宇宙，一次做得比一次好。现在门店的服务越来越好了，而她却总会说"都是团队配合得好"，时至今日，她还在努力地学习着，想把自己变得更专业。

　　回想当时的情景,不知道是什么动力在一直鼓舞着她,那股子劲好像是由心而发,是真正想把一件事不断做好的执拗,更像是朝着黑夜中的那一道曙光不断前进的决心。这些比升职加薪让人更有动力。在参与所有的项目的过程中,让她感受更多的应该是快乐吧。那是成长的快乐、被信任的快乐、利他的快乐、自我价值实现的快乐。

　　在她快乐的同时,每个项目都在不断地激发着她的小宇宙,从而让她在每个项目中都能投入100%的热情,快乐工作,快乐成长。

　　当然,她现在已经开始接手更多的重要项目,而且每个项目她都能快乐地去准备,而且一次比一次更有心得,一次比一次做得更加完善。每次看到她在为一个项目精心筹备时,我都在想,这还是刚认识时的那个她吗?是的,她真的变了。

　　我一直认为,成长是这世上最无遮掩的奇迹。它使人在温暖中学会关爱,把希望一次次点燃,将甜蜜一遍遍谱写;但它又有着强大的生命力,让人在泥泞中懂得坚强与责任。当然,在艰辛与磨砺的背后,更多的是快乐……

从"丧眼"到"上眼"

作者：康健

天津人，现任管理公司行政部人事经理。

座右铭：一直走在更好的路上。

每一粒种子都要经历破土而出前的黑暗，每一个优秀的人也都有一段暗淡的时光，生命的意义要靠自己定义，让我们以花的姿态行走，还自己一场真真切切的盛放。

新疆话中有一个词叫"丧眼"，意思是行为非常令人讨厌，就像眼里那粒让人难受的沙子。总之是指看上去不顺眼的人或者事。这个词可能是当时姜总（阿依来老板）对张磊的真实写照了。

故事的主人公叫张磊，我认识她的时候她刚从上海来，个子小小的，二十七八岁的样子。我想象中在上海工作的人在职场上都很勤奋，可是接触了一段时间后，我发现她并不像我想象中的样子，感觉她有点安逸，工作也没有那么主动，每天怡然自得，很开心。那个时候她在公司负责行政助理的工作，每天负责办公用品、工服采购等一些杂七杂八的工作。后来听说她是之前就跟孟总（阿依来老板）一起在上海工作的，那个时候工作也没有很积极，所以这次来阿依来，一开始孟总是极力反对的，在孟总的印象里她是个不求上进的小女孩。最后不得已，她还是来了，那就做行政助理的工作吧。

我和她在工作中是搭档，她的性格非常开朗，慢慢地我们也就成了闺密。每天上班把自己手里的一摊子事干完，下班就开开心心地吃吃喝喝去了，从来没想过未来会怎样，只觉得乐在当下，就很满意了。那个时候甚至可能连存款都没有，也不知道每天都在乐呵什么，好像每天能沉浸在自己的一亩三分地里，此生也就无欲无求了。

2018年5月9日，那天是她的生日，当时我还在休假，她哭着给我打电话，我一下子惊了，因为性格活泼开朗的她

餐饮培训现场

从来没有哭得如此伤心，原来是我们部门的主管离职了。她一下子像是失去了一把坚实的保护伞一样，手足无措，她不知道接下来要怎么去面对她的工作，好像再也没有人可以依赖了，不知道她自己是否可以撑起行政部的这一片天，她有点崩溃了。

但是干得了要上，干不了也得上，她就这么硬着头皮，硬生生地把行政部的工作撑下来了。我记得她跟我说：我也不知道以后的路怎么走，老板给了活就干呗。我一个人在离家那么远的地儿，人生地不熟的，我就踏实在这跟着阿依来走，肯定没错。就这样，老板安排了活她就去干，干的过程中一次比一次有心得，一次比一次做得好。

也许是老板发现了她的改变，开始喜欢和她对接工作，一直到2019年的八月份，当时需要去北京学习专业的餐饮知识，培训机构要求公司的总经理或总厨参加，老板却点名她一起去。当时培训机构的人还说："人

家公司最差也要带个运营总监来,你们企业带个行政经理来是什么意思呢?"老板什么也没说,就是笑笑。用老板的话说,自从开始学习,张磊就像打开了天眼一样,开始飞速进步了。

学习完,这个项目就要落地了,这次可不是坐在电脑跟前做做表格就行了,这次的源全项目可是要去店里亲力亲为的。不巧的是,她怀孕了,可是她想都没想,就告诉我:"怀孕又怎样,去干的时候小心一点就行了呗。"就这样,从落地班出差学习,到项目店内落地,她都大着肚子场场必到。有一次去北京出差的时候,她下课后实在走不动了,腿已经肿得不成样子(那个时候医生已经建议她卧床休息了),到酒店后她马上把腿抬高让血液回流,肚子里的小生命已经成了她甜蜜的负担。她说:"不行,我不能比别人跑得慢,我不能落下任何一次课程。"

张磊孕期上课现场

学习后,从项目的搭建到店里的启动大会,她都亲力亲为。项目初期,由于要配合门店的时间,每次开讨论会都是晚上10点钟开始,半夜一两点结束,她拖着疲惫的身躯坚持参加每一个意见的讨论。我印象最深的一次是,由于要改一个凉菜房的层架,工程时间紧张,当天改不出来不能回去休息。我们画图画了一遍又一遍,我也不停地看她的身体状态,她的腿肿得已经站不住了,我搬了凳子给她坐在厨房里,她还在坚持着当天必须要出方案图。就这样,等方案图定好,一抬眼,已经半夜12点多了。当时我

都已经累得不成样子,更别提已经怀胎八个月的她了。就这样,一遍遍改图,一遍遍地梳理流程,一遍遍地整理文件,基本每次都要到夜深才结束。甚至,店里实在要关门了,她还要背上电脑回家做。我问她:"这么拼,你在赌吗?万一身体出问题了,你肚子里还有一个小生命呢。"她说:"人的一生没有几次机会,每一次机会其实都是一次赌博,赌赢了就赢了,况且我相信我肚子里这个小家伙也一定希望她的妈妈更优秀一些,她会支持我的。"

就这样,坚强乐观的她,也终于在项目快结束的时候,顺利地诞下一个小公主。是的,她赌赢了,她想用她坚强的信念和一往直前的勇气给女儿树立一个好榜样,她再不是那个老板看了会"丧眼"的员工了,她成了老板能看"上眼"的行政总监,我也相信凭借这股子傻乎乎的拼劲,她一定能做得更好。

过去,张磊把自己的人生定义为"快乐"。因为,她想让她的生活很快乐。现在她依然把自己的人生定义为"快乐",只是她对快乐的定义有了很大的改变。她要快乐地工作,快乐地成长,还要快乐地生活。现在看到她,虽然产后的身材有点走样,但是依然掩盖不住她身上的自信,她的能力已经盖过了一切,她用自己的行动让自己在阿依来不断绽放。但是,不忘本的她也会经常跟我说:"没有阿依来就没有现在的我们,我们最要感恩的还是这个平台。"我也会跟她开玩笑说:"是呀,咱姐俩还要在阿依来拿个终身成就奖呢。"

人的生命只有一次,我们可以选择安逸,也可以选择奋斗。有人说成长是一辈子的事,想要成蝶必须经过破茧的蜕变。而破茧的意义,并不在于飞翔的自由,而是在于突破束缚,前往更广阔的世界,去挑战、去探索。我想张磊就是这样,用自己的力量打破束缚,迎来了属于自己的一片天。

你若盛开,清风自来。

哪有什么岁月静好，不过是有人替你负重前行

作者：王文文

甘肃天水人，现任中北镇店烧烤主管。

座右铭：不忘初心，不负韶华。

任何事情都没有那么绝对，无论是工作还是生活，对每一个人来说都不容易，当你突然感觉到容易时，肯定是有人替你承担了属于你的那份不容易。

静好的岁月只是我们期望的东西，它需要有人为我们遮风挡雨或者是保驾护航才可能实现。在这份呵护中，我们不断成长，不断前行，如果离开他们的庇护，我们会发现自己的生活过得如此地狼狈不堪，甚至痛苦绝望！但是，每当看到、听到、想起一些简单不过的小确幸、小温暖、小坚强，还有些小惊喜，就马上变得热泪盈眶，前行的脚步又充满了力量。

2020年注定是不平凡的一年，整个世界笼罩在"新冠肺炎疫情"的阴影之中，餐饮行业受到了很大的影响，每天都有成百上千的餐厅倒闭、停业。我所在的企业阿依来也是一样，尽管没有像它们那么凄惨，但是也受到了前所未有的冲击，进店消费的客人少了，网上订餐的客户少了，尽管做了好多销售活动，但是效果并不尽如人意！

可是，我们的生活和福利待遇，并没有因为生意不好而受影响。我们

的老板姜总、孟总为了提高我们的幸福感和收益——既能提升能力又能提升收入的福利：花重金从上海请来了专业的培训老师，教我们服务的技巧和提高自己本领的方法。

疫情无情人有情，在"员工幸福感沟通会"上，我提出的意见是：我们的宿舍太远了，每天上下班都要步行好远的路，浪费很多时间，希望老板能帮我们解决一下，找一个离餐厅比较近的宿舍。说完我心里还想：这是不可能实现的，因为这个想

王文文，现任中北镇店烧烤主管

法只是我一个人的想法。可是老板听了以后却说："让店长把这件事写入备忘录，会后就着手解决。"当时，我激动得像中了彩票一样，因为这是一个普通员工的意见，想不到被老板采纳并且拍板了。我当然激动，当然高兴。因为我们的企业视每一个员工为自己的家人，老板视每一个员工为自己的孩子！

当有些员工说"阿依来的特色烤羊腿在过节的时候，可以带给远方的家人品尝"时，老板同意的那一刻，同事们脸上的笑容像春天的花朵一样灿烂。老板说："我们阿依来，一直以来打造的就是家文化，只有你们远方的小家温馨，咱们阿依来这个大家才会更加幸福。"在会上我们和大家长积极互动，大家长说："以前店内的优秀员工可以享受国外游，现在

只要我们认真工作，表现优秀，就可以获得快乐积分，相应的积分可以兑换相应的旅游胜地，以前的国外游只是个别人参与，现在这个旅游奖励人人都有机会，机会摆在眼前，珍惜与否取决于大家。"换成以前这是我们想都不敢想的事情，大家长这番话说完后，整个会场响起了雷鸣般的掌声，持续了好久。大家长跟我们互动的同时，又给我们送来了一份大礼："后厨的员工，只要通过晋升考试，就可以每月多拿50～150元的奖金，前厅的员工只要把快乐传递给顾客，并能快乐地服务顾客，使这桌的客人把快乐手环送给自己，每个月能拿多少钱的奖金，完全取决于自己拥有快乐手环的数量。"刹那间会场上又响起了热烈的鼓掌声。

掌声毕，大家长又讲道："疫情当下的今天，有些企业的员工，工作一天，休息一天，甚至有些企业是工作一个月，只发半个月的工资，而我们企业，虽然也受疫情影响，但绝不会做此类的事情，而是要想办法提高员工的收入。"比如说，做好感动服务，主动向顾客问好，打招呼，学会微笑，就可以得到奖励。学好做好5S（一套有效的餐厅环境管理系统），等5S落地后，就可以拿5S工作上的奖励。大家长做的这一切都是为了让员工的收入得到提高，服务的技能得到提升！

我们比任何时候都充实，都快乐。因为我们有姜总、孟总这样的大家长，他们把所有员工都当成自己的家人和孩子，把这个世界上最美的东西，恩泽于我们。在沟通会上，大家长听着每一位员工的心声和想法，并着手解决我们无论是在生活中还是工作中遇到的困难，从来没有把自己当成老板，时而跟我们说笑，时而跟我们逗乐，时刻关注着我们日常中的点点滴滴。

这样的企业，只有阿依来！这样的家人，只有我们的大家长！在成长的路上为我们扫清一切可能遇到的障碍，解决我们可能遇到的麻烦，用这世界最美的关爱，照亮了我们前进的道路，温暖着我们每一个人的心灵！

  大家长既把我们当成自己的孩子,也把我们当成学生,为我们遮风挡雨的同时,也关心着我们的成长。两位大家长就像辛勤的园丁,用他们慈爱的双手,培育着阿依来这个大花园中的每一朵花,用他们渊博的知识和超凡的经历,为我们传授着工作的方法、生活的技巧。大家长说:"不要和任何人攀比,要比,就拿我们有的东西和别人没有的东西比。"起初听了这句话,没有理解其中的深意,当我再去细品时,发现其实就是这样。此时的我们比任何人都要快乐、都要幸福。在远方有我们的小家,在工作的地方有阿依来这个大家!

  我们在疫情影响的环境中已经拼搏了10个月,这10个月我们辛苦,但是我们快乐,因为我们有高瞻远瞩的两位大家长,在大家全力配合抗"疫"的同时,我们一直学习并改革着。

  学习感动服务和5S对我们大家来说是多么难得的一次机会,能学到这些是因为大家长在背后付出了很多,花费了大量的财力,也花费了大量的精力,目的只是提高员工自身的收入和员工工作环境的舒适度,让员工在得到收入的同时,也能拥有一个温馨的生活空间。

  2020年我们所做的一切都会写进阿依来的家族史,也同样写进我们每一个人的心里。虽然我们平凡,可是我们有不平凡的大家长。虽然我们在艰难中行走,可是我们的大家长已经成为我们在风雨中的保护伞。所以我们幸福,我们快乐。因为这份幸福和快乐来自我们这个大家庭——阿依来。

  2020年,阿依来的家人们全力以赴追逐着自己的梦想。我们的梦想是"做百年老店",为了这个梦想,每一个阿依来人都不敢松懈。稍有时间,大家长就会去外地学习,他们把学到的新知识,通过"传、帮、带"的方式,传授给所有店内的"店长、厨师长、前厅经理"。我们把这三位领导称为"铁三角",再由各店"铁三角"传递给店内的每一个人。通过这样的方

我是快乐餐饮人
阿依来，快乐来

式，我们用学到的新知识去优化我们的工作和思维。这个世界上没有一成不变的事物，我们一直在进行着改革，大到企业的运营模式，小到个人的思维模式。我们不能只抱着一种模式去工作和生活，我们不会固步自封。

任何冬天都会过去，哪一个春天也不会迟到。这一年，我们所做的、所得到的，可以说是硕果累累！在大家长的带领下，我们工作开心，生活快乐！

在接下来的工作中，我会更加用心，更加努力。做一个快乐的传播者，把我现在的快乐和幸福，传递给我身边的每一个人。

痛并快乐着

作者：董树波

天津人，现任董事长助理。

座右铭：有道才有德，无道便无德。有德便有福，无德便无福。

  时光如白驹过隙，世事如白云苍狗。加入阿依来大家庭已三年有余，从开始的青涩懵懂到现在稳重成熟。在姜总和孟总的培养教导下，让我从日常的点滴中深刻体会到企业文化的温暖。想起阿依来，印在我脑海深处的就是每年都会如约而至的导师训，它就像企业中的"大学"。以前上学的时候老师总说，出了校门你们即将面对社会的残酷考验。现在我可以非常自豪地告诉我的老师，经过阿依来导师训的培养我们不仅经受住了残酷的考验，还将残酷的考验化为"绕指柔"。我想每一位参加过导师训的阿依来人都不会忘记，在这里有我们的汗水、泪水，在这里有我们胜利的喜悦和开怀的笑脸。

  2019年7月，那是一个盛夏，我们一如既往地端坐在教室，听着王老师为我们讲述着"心态"这节课，同学们听得非常认真，不知不觉就到了中午11：30，中午时分是我们学员翘首以盼的游戏环节。今天的游戏规则就是根据王老师（王老师是我们导师训的老师，也是阿依来的品牌顾问）展示出来的一些物品的照片线索，在规定的半小时内，寻找到所要的物品和场景，而后拿出自己的手机在指定场景与找到的物品自拍，用时最短

我是快乐餐饮人
阿依来，快乐来

的小组就是第一名。指定的物品有10块小石头、瓶盖、叠好的10个纸飞机、5朵小花等，场景可能是电梯的一角、地下停车场的一个号牌等。我作为小组带头人，在接到指令后迅速分配给组员各自将要寻找的物品与查找路线，留给自己比较难找的10块小石头和5朵小花。眼看快要到中午12点了，王老师在课堂上高喊了一声："特种兵们你们都准备好了吗？"

2019年8月12日特训营冠军队全体人员合照

我们群情激昂地回答道："时刻准备着！"那一刻真的是为了集体荣誉，每一个学员就像真正的战士一样摩拳擦掌，跃跃欲试。

王老师一声令下："游戏开始！"

我就像离弦的箭一样，先冲出了教室。凭借着对地理位置的熟悉和关键时刻的沉着冷静，我飞奔到马路对面，采上5朵小花就寻找下一个目标——10块小石头。当我跑到新城市中心准备返回教室时，因为精力全部集中在存有线索的手机上，没有发现地面隆起的一条石头垒起的减速带，脚一下就卡到了减速带上。感觉我就像被一个壮汉来了一个过肩摔（被摔过的人深有体会），嗖地一下飞出去至少5米远，重重地摔到了地上。我因为有过当兵的经历，这点小伤小痛跟真正的训练比不值得一提。我连忙站起身，继续执行我的任务：赶紧找到10块石头。就这样我忍着伤痛找到10块小石头回到了教室。进入教室的那一刻，家人们都投来了惊讶的目光。

王老师：小董你这是怎么了？裤子咋全破了？

这时候我才发现，我的指甲劈了、手机屏幕也碎了、裤子也破了一个大洞，手臂、大腿以及膝盖上全是擦伤。我笑了笑说："没事，王老师，我就是摔了一下。大男人流血不流泪，这点伤不算什么。"王老师急忙向我走来，认真地检查过我的伤口后带着心疼的语气说：赶快去洗洗，别感染了。

这时候，田总（奥城店的店长）也赶忙走过来关怀地说道：小董，赶紧去清洗一下，小组这里有我呢！当田总那强壮有力的手臂

2019年8月12日特训营风采展示

搭在我的肩上那一刻，我突然体会到有家人关爱是多么美好。

我低下头时才发现胳膊、膝盖以及大腿上的血已经流了下来，我一瘸一拐地走向了卫生间。从教室到卫生间不过短短的100米，而这100米我却走得格外艰难。当打开水龙头，清水触碰到伤口的那一刻，一阵疼痛让我的腿不由自主地一颤。透过镜子看到自己狼狈的面孔时，我不由得非常沮丧，因为手机屏摔得粉碎，身上全是伤口，裤子破了，浑身上下全是泥土。我转念一想：这点小伤算什么，跟当兵时受过的伤差远了，我不能忘了，我可是当过兵的，没事。我将卷起的裤腿放下，拍了拍身上的泥土。整理完着装后我发现，心态是要靠自己转变的。如果我没有当过兵的磨炼，可能心态转变得不会这么快。其实，很多事都是有两面性的，痛并快乐

着，说的就是这种感觉吧。

这种快乐，就是一群小伙伴为了能夺得第一名而努力地奔跑；这种快乐，就是为了集体的荣誉而努力奋斗。

想到这我心里高兴起来，脸上也露出了轻松地笑。我觉得我的伤痛跟开心相比根本算不了什么。虽然财物上有些损失，但我换来的是老师和家人们对我能力的认可，是我平时得不到的成就感以及快乐。我在导师训活动中虽然受了一点小伤，但是我也体会到了许多做人的道理。

通过这次经历，我明白了一个道理：无论平时看起来多么坚强、多么阳光的一个人，在面对困难和挫败的时候都会

2019年8月12日特训营合照

有不堪一击的一面。我们能做的就是依靠平日导师训所积累下来的经验与影响，及时转变自己的思维，通过心态的转换及时梳理负面情绪，运用导师训学到的知识强大自己的内心，做到面对挫折的时候不退缩，拥有沉着冷静的"大局观"。

我的改变，最要感谢的是姜总、孟总为我们创建了阿依来这么好的一个平台，感恩姜总、孟总建立导师训这样一所"大学"，感恩阿依来帮助我成长并且带给我快乐。我愿意永远跟随在姜总、孟总的身边，更加努力地去创造有价值的未来。

人生的第二所"大学"

作者：宋君红

河北邢台人，现任管理公司运营部助理。

座右铭：爱拼才会赢。

有句话说得好：活到老，学到老，可见学习不是某个阶段的事，而是贯穿我们一生的事。从上学开始老师就不断地给我们讲"好好学习"这句话，长大后我才真的明白学习的意义。能够走进阿依来，很幸运，这五年来我收获很多，好像又上了一次大学。

学习为了什么？我们为什么要学习？学习有什么好处？学习是我们坚实的盾牌，是我们冲锋陷阵的铠甲，没有知识和技能武装自己，总有一天会在残酷的战场上败下阵来，步入社会之后尤其如此。成长，真是个略带酸涩的词，我们不再是疯闹乱跑爱凑热闹的孩子，不再是坐在教室里在风扇呼呼的旋转声中向往操场的少年，时间改变了一切，越长大，越难安安静静沉下心学点东西。

庆幸的是阿依来非常注重学习，导师训、家长会给大家搭建了学习的平台。我参加了三期导师训，记得第一期刚开课的时候，那是阔别校园之后首次和这么多人聚在一起上课，有些熟悉也有些许陌生。我不善言谈，一直很羡慕那些能站在台上侃侃而谈的人。刚上台分享的时候，紧张

我是快乐餐饮人
阿依来，快乐来

是免不了的，经过慢慢的练习，和大家越来越熟悉和亲近，不断地上台去分享，我渐渐地喜欢上了这种站在舞台上的感觉，喜欢上了这样的学习氛围，把自己的想法和伙伴们交流、共享，互帮互助，这样的感觉真的很好。在学习中成长，因成长而快乐。

印象最深的是第二期导师训，我作为队长参加，对自己也是一个很好的磨炼。我带队的小组人员是由公司和门店合并组成的，开课前都要去店里练习风采展示（一种类似军训走步的集体活动）。有一次，晚上闭餐后10点多在门店外练习风采展示，队员的呼喊声响彻在空旷的广场上。练习完已经很晚了，离家远的伙

2017年导师训大PK

伴直接住在了店里的宿舍。导师班的王老师常说：能力是练出来的。的确如此，自己成长了，就是自己最大的财富。每一节课的学习，要写演讲稿、改演讲稿，反复练习，纠正发音、仪态、动作等，每个人都充满了斗志，坚信勇争第一的信念。最终我们梦之队的小伙伴获得了第二名的成绩，队员也分别获得了演讲PK冠军、亚军和第四名的好成绩。张记同学（金钟河店厨师长）荣获了第一名，看着小伙伴们一张张灿烂的笑脸，那一刻所有的努力和汗水都是值得的。付出才会有收获，真的非常开心，播种努力也收获快乐。

为了加深理解和更好地消化学到的内容，导师训群里每天都会有分

享，分享的目的是重复学习，交流观点和看法，相互借鉴。两个班的学员在一起学习，一千个人心中就会有一千个哈姆雷特，一个问题，不同的人立场和看法不同，感受自然也不同，多角度思考无形中就会学到更多。群分享就像慢慢长大的竹子一样，可能刚开始没有看到什么效果，三年的时间，可能仅仅长了3厘米，那又怎样呢？自第四年开始，它就会以每天30厘米的速度生长，前三年并不是没有作为，而是在扎根。每天的潜移默化都在悄悄地改变着我们，就是这样扎根的过程，让我们每个人也像竹子一样，稳稳地扎下根去、积蓄能量，快速成长。

我们总是会受到周围环境的影响，就像是感冒会传染一样，一个人的情绪、为人处世的方式等都是会传染的，在每个不经意之间。就像我们的导师训，传递的是满满的正能量，每个人传递出去的能量都在相互影响着，由每一位成员到小组再到整个班级，都在悄然改变着。不善言辞的伙伴变得能说会说了，害羞不敢上台分享的伙伴也奇迹般顺利毕业了，很多自己以前不敢想象的事情

2017年导师训大PK团队合影

居然做到了。比昨天的自己进步了，这就是最大的成长。通过这样不断地学习彼此之间的距离拉近了，变得爱笑了，友爱了，沟通起来更顺畅了，工作效率也提高了。是导师训让我脱胎换骨，让我成为从未想过的更好的自

我是快乐餐饮人
阿依来，快乐来

己，我在学习中改变，我因改变而快乐。

青春尚好，奋斗不止。开始容易坚持难，每一期导师训都会有中途退出的伙伴，真的很遗憾。社会从来都是平等的，它对勤奋向上的人会特别照顾。那些不想提高自己、不想改变的人，他们会用一种"就这样吧，这就可以了"的思想麻醉自己，活在自己的世界里，自我满足。当有一天你想要跳出自己的世界到外面去看看的时候，可能会听到一些声音：折腾那么多干嘛？还不如休息一会儿。学那么多又有什么用，浪费时间！他们不是给你人生的建议，他们只是觉得放弃比较容易而已。我们的大家长姜总、孟总（阿依来老板）常说：放弃是一种习惯，放弃了一次，就会有第二次、第三次，最终将一事无成。

在刚开始上课的时候我也打过退堂鼓，在挫折面前想要后退，可是人生哪有一帆风顺的，不经历风雨怎能见彩虹。很多时候你觉得不可能，但也许只是你觉得而已，不去尝试怎么知道呢，勇敢地迈出那一步，本身就是一种进步。所有的挑战都是我们最大的财富，不断挑战、不断突破，把不可能变为可能。最终我义无反顾地坚持了下来，结果是可喜的，也感到很开心，这种开心来源于坚持，只有坚持了才有希望，才会有最终的胜利，坚持也是一种快乐。

导师训就是一所供给我们能量的"发电厂"，很感恩遇到我人生中的第二所"大学"，在这里我汲取了知识的养分，得到了新的能量。我在学习中成长，在成长中收获，在收获中获得快乐。

五好生态圈之快乐篇——阿依来助我成长

作者：马辉

天津人，现任管理公司副总经理。

座右铭：与智者同行，必得智慧。

    今天和大家分享一位可爱的人，他就是为阿依来提供装修工程服务的天津地区项目工程经理兰工，他是河北省青龙人，从小就在山沟里长大，用他的话来讲就是在栗子树下和苞米地里长大的孩子。15年前为了改变自己的命运和几个朋友来到天津，从装修工做起的他，因为勤学好问，慢慢地做到了地区负责人的职务，我们第三家新店装修的时候是我俩的第一次接触。我记得很清楚在我们聊天时他还在为孩子落户的事发愁，因为外地人要想在天津给孩子上户口就必须买房，但那几年工程不好干，各种拖欠款项使原本不富裕的家庭更拮据了。我对合作方的人员都很在意，因为除了和自己的工作范畴有关，更多的也是想真正关心他们的生活。兰工当时给我印象最深的就是他每天很早就会来到工地，为工人安排伙食，修复工程进度，还和工人们一起干活。我每次找他都是最头疼的事，一身灰尘根本看不出他就是项目负责人。记得一次我看到他嘴角满是燎泡就问他："是不是病了？""没事，干我们这一行习惯了。"事后我才知道那几天是施工的重点期，兰工一直睡在店里，病了好几天。一个月的

我是快乐餐饮人
阿依来，快乐来

装修时间过得很快，接近尾声的时候我突然发现兰工的近视镜片裂了，因为他每次和我说话时的第一个动作就是摘下脏兮兮的眼镜用上衣的衣角使劲地擦镜片。"赶紧配一个吧。""没事还行，这离不开，等完工了再说吧。"每次他的话都是那么朴实。

后来装修按期完工，在快试营业的那几天兰工每天很早就来到餐厅，对发现的细小问题进行修补，生怕影响开业。每当试营业的时候我们的董事长姜总都会为合作方摆上几桌庆功宴，那次也不例外。我陪姜总来到兰工他们桌前敬酒的时候，是我第一次看到脸上没有尘土的兰工，但眼镜还是没有换。"感谢大家，我知道这一个月大家太

兰工

辛苦了，一定要好好休息休息啊。"姜总热情地说道："没事，明天开业我还要跟上一个星期，别出现临时状况。"兰工端着酒杯认真地说道。那天我喝了很多酒，也看到了每个人脸上真挚的笑容。

接下来的合作除了新店装修以外，每次店里有一些改动工程我都会请兰工帮忙，毕竟他属于全能工，兰工也和店里的每位员工成了朋友，大

家都亲切地称呼他为阿依来工程部经理，兰工也很高兴，因为他知道这是一种信任和荣誉，他也愿意为我们这样的企业服务。但这个经理不好干啊，因为在营业期间的店面进行工程改动时，最大的困难就是不能影响正常营业，所以每次都要等到晚上10点以后才施工。奥城店给星空顶喷涂消防材料时都是晚上12点才开始，店长告诉我喷涂的时候屋里根本喘不过气来，兰工带着好几层口罩和工人坚持到凌晨4点多才完的，几个人最后用几个椅子拼了一张床睡在店里了。这就是可爱的兰工，一个从没有穿过一身像样衣服的兰工。

每次看到兰工他都是满身尘土，最熟悉的动作除了用衣角擦眼镜就是使劲拍打身上的尘土。有一天兰工格外高兴，他说："孩子的户口落下了，要上学了。"

不知不觉兰工已经为阿依来服务了六年，孩子也从小学到了中学。每次见面我都会问他："和阿依来合作的这几年有什么体会？""阿依来是个好企业，帮我的家庭度过了困境。同时也让我成长了许多，我是幸福快乐双丰收。"

每次听到合作商用这样的话语评价我们的企业，我都深感欣慰与快乐。我们的董事长姜总常说："一个人的成长速度取决于与谁同行。"阿依来不仅想让中餐影响世界，更想影响与阿依来有缘的每一个家人，共同成长，共同进步，共同快乐，成就彼此。

人生最难得的就是找到一个好的平台、一位好的合作伙伴，幸福快乐地成长，收获自己的价值。我为自己能成为阿依来的一员而感到骄傲！

"大个儿"的快乐

作者：王永平

甘肃平凉人，现任中北镇店炒锅师傅。

座右铭：天生我材必有用。

所谓快乐，就是做有意义的事，从而内心得到满足。那什么是有意义的事呢？

每个人都在不断追寻快乐，大多数人把快乐寄托在了遥远的未来或比较重大的事情上，却没有低下头看看，我们身边所发生的快乐的事情。接下来就让我们一起看看"大个儿"的快乐！

"大个儿"是我们中北镇店唯一一个有"临时户口的人"（暑假工）。她叫杨静云，因为身材高大，性格大大咧咧，所以被大家起了个爱称"大个儿"。现在正式开始讲述"大个儿"的快乐故事。

2020年9月24日的下午是个普通得不能再普通的周四下午。5点多做完开餐工作的"大个儿"，正迈着她那"六亲不认"的步伐朝着她下午的"战斗岗位"外摆走去，心里想着下午会不会又下雨，因为已经连续三次她盯外摆的时候下雨了，所以大家又给她加了个绰号"外摆终结者"。正当她忧心忡忡地走到外摆的时候，首先吸引到她的却不是她所担心的天气，而是坐在外摆区的一个陌生而又熟悉的背影，因为她已经好几天在

这附近看见这个背影了，但是却从来没看见过这个背影的正面。从背影可以看出来应该是一个50多岁的老妇人！她上身穿着一件皱皱巴巴、脏兮兮的白衬衫，下身穿着一条略显臃肿，并且洗得发白的黑裤子，脚上穿着一双蓝色的男式拖鞋（澡堂子里的那种），九月份的天气虽然不算冷，但是淡淡的秋风还是吹得她弯下身体蜷缩着！"大个儿"看着那个背影，想起了她那离家出走十多年没有见过的二姨，算算时间她二姨也应该是这个年纪了，也不知道日子过得怎么样了。所以当她第一眼看到这个阿姨的时候，她就有一股想要了解和帮助这个阿姨的冲动！但是每一次都会被自己懦弱的理智阻拦下来，自己的能力，自己的身份，以及一些未知的后果。这一次她还是"理智"地选择了祈祷，祈祷有人会去帮助这个阿姨。但是这一次老天选择了帮助"大个儿"。秋天的太阳就像手心里抓着的冰块，不知不觉就不见了。"大个儿"就在这种纠结中熬到了天黑，外摆由于天气冷还是没有客人，只有"大个儿"和那个只能看见背影的阿姨！这时阿姨颤颤巍巍地站了起来，"大个儿"以为她要走了，心里有些解脱也有些失落！但是阿姨却没有像"大个儿"预期的那样走开，而是转身环顾了一下四周，看了一眼"大个儿"，犹豫了一下朝她走来了。"大个儿"不知道她要干吗，心里忐忑不安，希望她只是路过不是朝自己而来，但是在心底深处又希望她是朝自己走来。就在这种不安中那个阿姨已经走到"大个儿"面前了，这时"大个儿"才看清阿姨的样子，布满皱纹的脸上黑一块、白一块，不知是在哪蹭的墙灰，头发有长有短，盘在一起看不出有多久没洗了。当"大个儿"还在打量眼前的阿姨的时候，阿姨开口了。

阿姨："小妮儿，你能帮我找点吃的吗？"（声音很小，操着一口河南话。）

大个儿："啥？阿姨，我没听懂？"（作为一个土生土长的河北姑娘完全听不懂。）

阿姨略显失望地转身要走，"大个儿"不知哪来的勇气走到阿姨旁边

我是快乐餐饮人
阿依来，快乐来

拦住了她，小心翼翼地问她："您是不是没吃饭？"

阿姨默默地点了点头。

大个儿："您在这等我一会，我去给您找点吃的。"

"大个儿"转身就朝店里走去，在回店里的路上她的内心是担心和后悔。她担心被领导批评，又给店里找麻烦了。后悔自己干吗那么冲动。但她又转念一想，不就是顿饭吗，大不了自己买了，这样一想她也就释然了。"大个儿"到了店里先去找了经理，但是没找见，所以她准备买一份拌面给那个阿姨送去。这时刚好在收银台碰见了厨师长王厨，王厨见她买拌面，以为她中午没吃饱，就问了她一句："大个儿"是不是中午没吃饱？""大个儿"就把这位阿姨的事给王厨说了一遍。王厨听完之后让收银台把"大个儿"的拌面退了。然后去后厨热了一份大盘鸡拌米饭给"大个儿"，让她拿去给外面那个阿姨。"大个儿"问：那这个谁买单啊？王厨说："这你不用担心，你出

那位阿姨在中北镇店的外摆区

去问那个阿姨看她还有什么需要的，需不需要喝点儿热水，我们一定尽力帮助她。""大个儿"有些诧异地拿着饭去找那个阿姨了，但是当她走到外摆地时却看不见那个阿姨的身影了，"大个儿"以为阿姨走了，心中满是后悔，当她正准备往店里走的时候，忽然发现阿姨正在旁边店的外摆区里坐着。"大个儿"高兴地跑了过去，好像那就是她多年未见的二姨。她

把饭给了那个阿姨，阿姨接过饭就狼吞虎咽地吃了起来（看起来是饿坏了）。"大个儿"看着阿姨吃得那么香，脸上也不由得露出了开心的笑容。她感受到了帮助别人所带来的幸福感。等阿姨吃得差不多了，"大个儿"就问："阿姨你为什么坐到这边来了？"阿姨说："我怕坐到那边影响你们生意。"这简单的一句回答是对"大个儿"善良举动最好的回报。"大个儿"又和阿姨简单地聊了两句，得知阿姨是河南人，今年45岁（完全看不出来，从面容看得有50多岁），是被人骗出来的，最后走丢了，就到这边了。前几天在对面商场要吃的，被赶出来了，好几天没吃饭了。（说了好多，就听懂这些，这个阿姨脑子好像受刺激了，说话答非所问，自言自语的。）"大个儿"听完之后差点哭出来，也许她二姨也正经历着这些。阿姨吃饱了，站起身来要走。"大个儿"刚想问一下她晚上住哪，结果来客人了，她就去接待客人了。等她忙完回来的时候那个阿姨已经走了。一直到下班，也没再见到她的身影。吃饭的时候"大个儿"去问王厨，那个阿姨吃的饭怎么办？王厨说：算到我们员工餐里。"大个儿"很忐忑地问："这样合适吗？这是我自己惹的麻烦！"王厨说："这不是麻烦，这正是我们每一个阿依来人都应该做的！你的这种行为不仅应该得到表扬，还应该让大家都向你学习。"

阿依来大盘鸡活动

我是快乐餐饮人
阿依来，快乐来

王厨又给她讲了阿依来的创始人姜总、孟总对贫困地区的儿童公益帮扶的故事，和我们企业文化所要弘扬的核心精神——爱。这次意外的帮助也让"大个儿"收获到了帮助别人的快乐，也让她对帮助别人这件事有了更深的理解。其实帮助别人不需要付出多大的代价，有时一句简单的问候，一个善意的举动都可以帮助别人。

第二天开例会的时候，店长和经理也在会上表扬了"大个儿"帮助别人的行为，并且也鼓励中北镇店的每一个家人都向"大个儿"学习，该"冲动"时，要敢于"冲动"。通过这件事也让这个有"临时户口的家人"对我们阿依来这个大家庭有了更深的理解。

但行好事，莫问前程。也许不是每一次做好事，都会有好的回报，但是做一些能帮到别人的事，自己的内心一定会得到成就感和快乐。我不信世间有轮回，但我相信世间有因果，经常做一些帮助别人的事、有意义的事，有一天自己需要帮助的时候，一定会有人帮助自己。什么是做有意义的事？就是做对自己产生好的影响，同时又对别人产生好的影响的事。

不一样的对象

作者：鲁坤

湖北十堰人，现任金钟河店领班。

座右铭：海纳百川，有容乃大。

"你有对象了吗？"

"你说啥，啥是对象？"

来自天津地道的称呼，把恋人称呼为"对象"。我来天津6年了，至今还没有心仪的对象，为啥还没有对象呢？因为我觉得自己还小，不着急。

我是一名来自湖北的小伙，在天津从事餐饮服务工作。我从开始不爱说话，到慢慢喜欢和别人交流，到最后喜欢和顾客打交道。在我的心里，我把顾客当成了我的"对象"。

还记得在培训感动服务的时候，讲到一个"丑男追求美娇娘的故事"。"丑男"想要追到美娇娘，必须要学会"喜欢她、注意她、认识她、为她付出"。这个故事让我对顾客的概念得以改变，也因为我的改变，让我获得了工作的快乐——每天工作都感觉是在换"对象"。有时候可能有点累，但是我心里总是觉得暖暖的，非常开心。

就说一个最近发生的有趣的故事吧，2020年9月15日，当时我正在做

我是快乐餐饮人
阿依来，快乐来

"开餐"，来了三位客人。看到客人后，我就迅速地冲过去，就像看到"对象"一样高兴，赶紧给"对象"倒了热水，告知她们"您先喝点热水，美味正在准备中，您再耐心等待下哦，一会我过来给您点餐"。

那几个"对象"很高兴地对我说："小伙子，你先忙吧，我们不着急哈。"就这样，我们互相留下了美好的第一印象。我再次来到顾客的身边，为她们点餐，并主动为她们介绍可以省钱的攻略（粉丝群活动，羊肉筋和烤包子半价）。"对象"高兴地点了10个羊肉筋6个烤包子，还点了好多阿依来的特色菜。在整个过程中，我为我心仪的"对象"忙前忙后，在"对象"用餐过程中，我会不断地注意她，和她沟通。最后，我获得了"对象"对我的好评。就在我还停留在喜悦当中时，"对象"微笑着问我："小哥哥，你家手抓肉肉都跑了？"（顾客是想要多点肉，我和顾客说明了我们的菜都是有量化标准的，但是既然顾客提出了需要，那我们就应该尽所能满足顾客的需求。）我当时就明白了她的想法，我立刻说："实在是对不起，您等我两分钟。"然后转身离开，立刻去厨房增添了几块肉，当我急切地跑到"对象"面前，将肉给她的时候，我的"对象"当时就惊呆了。看到

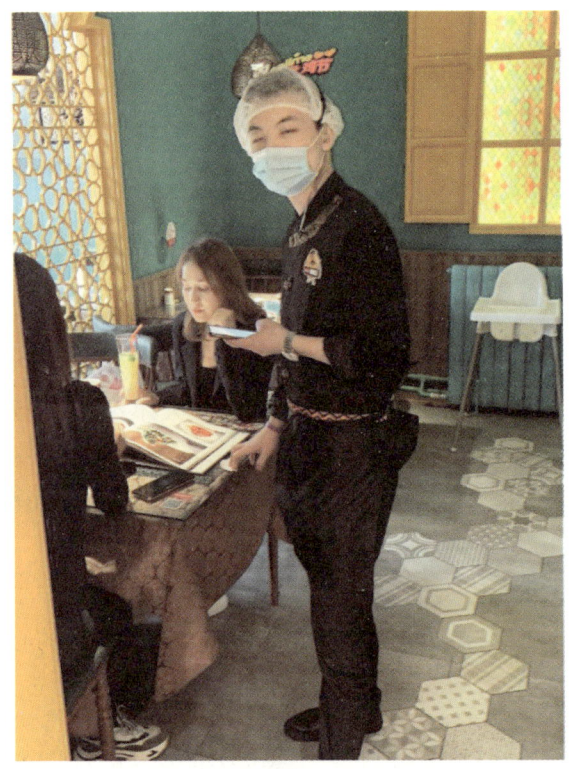

餐中为"对象"服务，打动"对象"

"对象"惊讶的表情,我知道她今天用餐非常满意,我今天的付出都是值得的。

"小哥哥,老板一个月给你们开多少工资呀,服务太到位了。"

我微笑着回应:"感谢您对我的认可和支持,您的满意就是我最大的幸福,就是对我最大的肯定。"在一片欢声笑语中,结束了我们的聊天。

因为今天的"对象"喝了酒,我给她们冲了醒酒茶,将她们送到门外时,"对象"把手搭在我的肩膀上拍了拍说:"小哥哥,吃个饭实在太麻烦你了,下次来我一定还找你。"目送她们上车离开,我在心里默默地为自己鼓劲:"小伙子,你还要继续加油哦。里面还有很多的'对象'在等着你哦。"

人生追求的,最重要的就是快乐。快乐,不是只有一天,是每一天都要快乐。通过学习感动服务课程,让我明白了自己做什么才能让顾客满意;做什么,才能让顾客记住我们这家餐厅;做什么,才有顾客下次光顾的机会。

记得感动服务里面有一句话:"把顾客当作谈恋爱对象。"通俗来讲就是,自己把自己设定成为什么角色,自己才会有什么样的举动(行为),才能让"对象"满意,才能收获快乐。现在只是把一桌顾客当作对象,满意度非常高,如果能把每一位顾客都当作对象,

鲁坤,现任金钟河店领班

那么我们将会收获客人的认可、客人的快乐，以及客人的忠诚（忠诚客）。

快乐就像美一样，这个世界本不缺少美，只不过需要具备一双发现美的眼睛。快乐就是如此，因为之前我们在工作和生活中，没有单独地去聚焦它、关注它，所以显得每天都很平淡。

其实今天分享的这件事情，在以往的工作中我们也在做，但是感受完全不一样。中国有句话说：独乐乐不如众乐乐。我们要做的是让自己快乐，让家人们快乐，让顾客快乐。通过公司快乐分享的主题，让我们每个人都去"钻研"快乐。之后，好像工作都有了变化，快乐元素多了起来。其实生活没有变，工作也没有变，人也没有变，变的只是我们的定义和思想。正是因为这个思想上的微变，才促成了行动的巨变。所以真的要感谢阿依来这个平台，让我对工作有了不一样的定义和体验。

真正的快乐，不是源于别人，而是源于自己的内心，一个简单的动作、一句周到的提示、一个真挚的微笑、一句关心的话语，都能收获对方快乐的反馈。所以快乐很简单，只是我们有些时候把它想得太复杂了！因为简单，所以快乐。

阿依来，快乐来。

快乐厨房的由来

作者：张立新

河北邯郸人，现任奥城店厨师长。

座右铭：知行合一，言出必践。

  炎炎夏日是最考验厨师的时候，我从事餐饮行业十几年，在好多个厨房工作过，虽然每家厨房的装修千变万化，但是有一个共同的特点，那就是在夏天的时候特别热。像我们阿依来奥城店的老厨房，因为当时不专业，排风的风机选用得不够大，烟道过长，加上厨房的格局设计也非常不合理，导致通风效果差，人员上菜距离太远，从而造成劳动量的增加，加之厨房温度的上升（温度最高的时候能达到50摄氏度以上），炒菜和烧烤的师傅

奥城店5S落地委员会正式成立

每天都在"免费"蒸洗桑拿,每到晚上,他们的黑色工服外面就会蒙上一层白的汗碱盐沙。虽然我们做厨师的已经适应了,但是我们的大家长(老板)却看在眼里急在心里,但因为不专业也没有什么好的办法,只能在每年夏天最热的几个月给我们买上冰镇西瓜、冰镇饮料。这件事儿大家长一直挂在心上,记得有一次在管理组例会上,大家长对我们所有管理层说,如果谁能够把厨房的温度降下来,让兄弟们舒适,就奖励5万元钱。但是迟迟没有人拿走,因为我们不专业,所以不能从根源上解决这个问题。

在2019年九月份一次管理组例会上,我们的大家长第一次跟我们谈到了清凉厨房,还有源全5S这些以前没有听过的词。我刚开始还有点心不在焉,但是随着话题的深入,我意识到了这件事情的重要性,以及给我们厨师带来的好处和快乐。当时我特别兴奋,我特别想成为这个5S小组的一员,能在这次改革中贡献自己的一份力量。

召开完例会,我们奥城店随即成立了5S落地委员会,孟总也开始为我们培训5S的专业知识。在培训的过程中,我以往的理解被彻底推翻,自以为傲的"专业"知识被打得体无完肤,一些专业而又全新的词语充满了我的脑海,也彻彻底底打开了我的思路。

5S大中委员会

通过一系列举措,我们的厨房发生了非常大的变化。

改变1：整理

同心圆（数据分析工具）让我们减少了不必要的人手和设备,从而达到减负的效果。设备由原来的15台冰箱减到了现有的9台。冰箱的散热在夏天是非常恐怖的,也是造成厨房升温的原因之一。原来的三层烤箱也变成了现有的两层烤箱,原来的6个炉头变成了5个。厨房添加了新风和中央空调,烧烤的排风也添加了侧排烟,尤其是在设计新风的时候,我们研究了好长时间,最终确定了在排烟罩上打眼儿,通过新风形成一道风幕,热气被隔绝在灶台里面。虽然没有达到清凉厨房的效果,但是也让厨房温度控制在了30摄氏度以下,尤其是凉菜房控制在了24摄氏度以下。

改变2：人效

我们原来的厨房有22人,现在的厨房只有17人。我们没有因为减少员工而造成工作效率下降,效率反而比以往有了大大的提升。专业知识和设备让我们员工的收入有了提升,环境有了提升,专业技能也有了提升,以往我们的砧板荷台需要5名员工才能够保证一天的出品,现在通过同心圆和预制量变成了3个人,也能够稳妥地保证每天的备餐出餐,并

张立新,现任奥城店厨师长

且保证了食材的新鲜,不积压货物,减轻了员工的工作量,每一名员工在每个时间段都能准确无误地完成自己的工作。员工的压力小了,工作变得清晰明了,环境变得舒适了,人员自然也变得稳定了,我这个做厨师长的也特别开心。这就是我心目中的团队、心目中的厨房。

通过5S环境的改造,我们厨房的温度终于降了下来,在2020年的夏天,师傅们终于不用再挥汗如雨。大家的欢声笑语和对厨房改造的津津乐道,让我更加确信了阿依来快乐来的真正含义。

今年的七八月份和去年的七八月份形成了鲜明的对比。让我印象最深刻的就是我们的店长"田大大",他加入企业已经长达7年之久了,以往夏天他跟我说得最多的一句话就是"天气热厨房更热,兄弟们的心里容易烦躁,一定要安抚好大家的情绪"。在最忙最热的时候,我们铁三角(店长、经理、厨师长)总是会去外面买冰棍、冷饮等,想方设法给大伙解暑降温。虽然解决不了热的问题,但是这样会让我们的心里好受一些,让兄弟们的心情好一些。但这件事,当时也给我无形地增加了好多压力。现在"田大大"拿着测温枪,测试厨房温度,外面这么热,我们厨房的温度还没有到30摄氏度,真是太好了。看到大家开心的笑容,我感到无比的开心快乐和轻松。

其实,人生很多事都是如此,做事很重要,但是做事时的感受更重要。

赚钱很重要,但是在什么样的环境里赚钱更重要。

而让我们厨房的每一个兄弟,能在轻松惬意、清凉的厨房里轻松、快乐地工作,是我们的大家长,是我们每一位管理者最想看到并想实现的。

因为良好的工作环境,才能让大家更快乐地工作。

因为轻松快乐的工作,才能取得更好的工作结果。

阿依来,是快乐的企业,是快乐的家园。

我们的厨房是快乐的厨房,我们的事业是快乐的事业。

快乐手环，收获快乐

作者：姜亮
河北石家庄人，现任管理公司行政部推广。
座右铭：不为失败找借口，只为成功找方法。

2020年10月，阿依来落地感动服务已经有一段时间了。我们做了很多事情，其中很重要的一项就是落地"快乐手环"（一个激励机制），它极大地激励了门店全体员工的自主服务意识，让大家都努力去为顾客着想，通过自己的努力获得顾客的认可，得到快乐手环。

其实快乐手环的意义并不仅仅在于手环获得的奖励，我经常看到大家互相谦让手环的场景：顾客在结账的时候，因为服务好，经常会把手环留给收银台。金钟河大街店的收银员董玉双，就经常把顾客留在收银台的手环，转交给原本服务这名顾客的服务伙伴。从这件事看来，快乐手环的意义就升华了，大家得到的并不仅仅是手环或者奖励，我觉得更多的是顾客的认同和分享的快乐。当顾客满意微笑着离开门店，向我们挥手致意时，那种快乐会传到身体的每一个细胞中，快乐的花自然就从心里盛开了。

10月6日我到中北镇店来调研顾客信息，想切身了解一下顾客对我们服务的评价。当时店里在做第一届大盘鸡节活动，店里有很多小鸡的摆件和玩偶、发卡。顾客如果带小孩，就把这些小玩具送给孩子，目的是让大家玩起来。这是帮助门店提升服务质量的方法。

11点30分左右,第一批进店的顾客桌上的菜已经吃了一半,此时去调研最是合适。

调研的第四桌客人是一对情侣。我们聊着聊着,发现小伙子竟然是新疆长大的,前段时间刚从新疆回来。小伙子说,这里菜的味道已经跟新疆的味道几乎一样了,可以说在天津能吃到这么地道的新疆味道,他自己是很满足的。

22号桌坐了李先生一家三口,调研到他们时我问:您感觉我们服务怎么样?大哥卡住了,我知道可能有一些事情,他是不太满意的。于是我又追问了一下,原来顾客刚才喝酸奶时,发现我们的勺子是瓷勺子,特别厚,不如铁勺子好舀,想让服务员给换一个,但是我们家确实没有更实用的铁勺子,所以他就有点生气。我跟当餐的服务员沟通后,决定赠送他一杯酸奶,然后把凉菜房曾经吃凉糕的扁平勺拿给他,让他自己选择用瓷勺还是扁平勺。最后的结果皆大欢喜,他很开心地选择了扁平勺,还把快乐手环给了当餐的服务员。最后一家人手拉着手,开开心心地离开了门店。

奥城店小伙伴获得的快乐手环

3号桌的李女士,一看就是购物完了来吃饭的。小姐姐要了一份椒麻鸡,一份凉皮,点这个组合餐一看就是阿依来的老客人。但是我看她椒麻鸡动了一筷子后,就把筷子放下了,可能是有什么问题,于是我走过去询问。小姐姐曾在奥城吃过阿依来的椒麻鸡,但是这次感觉味道很淡,椒麻味不浓。知道了问题就好解决了,我安抚了一下,转身去找王金平厨师长。"客人感觉椒麻鸡味道很淡,能不能用小碗盛一勺椒麻油,让客人自己酌情添加。"王厨立马亲自去凉菜房盛了一小碗椒麻油,还用香菜和红椒颗粒做了小点缀。当一碗椒麻油送上顾客餐桌时,顾客的眼神告诉我,她是十分惊讶的:"怎么突然你们家的服务变得这么好了?"

666号桌的龚先生一家老小五口人一起来吃饭。但是孩子老闹,家里其他人也吃不好。正巧我们大盘鸡节的装饰桌上有很多小鸡玩偶,于是我带孩子到装饰桌前面玩了一会,孩子立马乖起来了。我给小朋友别了一个小鸡的发卡,孩子立马笑了起来,特别可爱。

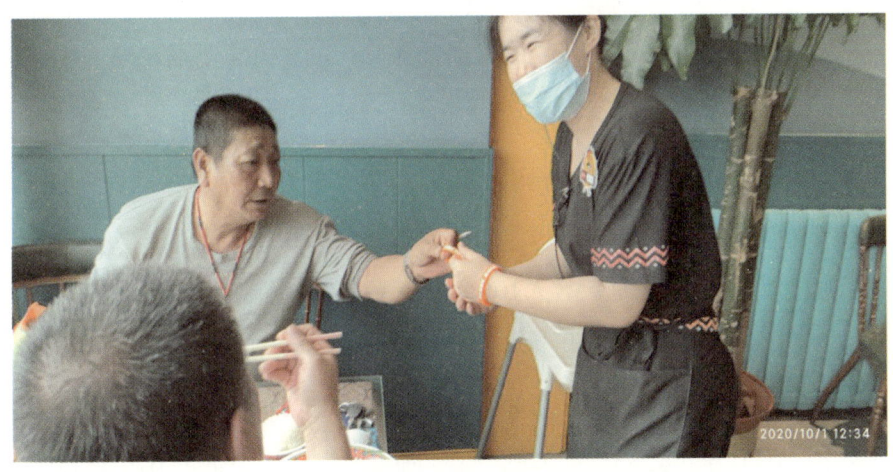

把快乐手环赠予顾客

8号桌是几个小姐姐,带头的冯姐一看就是我们的常客,点起菜来轻车熟路,不看菜谱就能直接说出菜名。一聊果然是我们的常客,隔三岔五就会来阿依来用餐,常去的是红旗路店。当我问到服务时,她半开玩笑地说:"菜有没有进步我吃不出来,但是你们家服务上的提升简直让我大开

眼界。就是有一点不好，我现在是又想把手环抵钱，又想给服务员，你们这是在给我们出难题呀，哈哈哈。"客人说完自己也开心地笑了起来。我也表态：如果您没有把手环给服务员的话，那就说明我们服务还是没到位，我们就得继续努力，让您满意啊。客人竖起了大拇指："你们家不赢，谁家能赢。"最后把手环给了服务员。

12号桌的姐姐听完快乐手环的用处之后，直接从我手里抢走了手环，并开心地说，她有很满意的服务员，一会要给那个服务员。

我一共调研了16桌客人。通过调研，我们可以发现客人的不满意，然后解决掉，让客人满意而归；通过调研，我们可以发现客人的困惑，然后帮客人化解，给客人惊喜；通过调研，我们发现客人其实非常可爱，甚至在为我们着想，我们并不是一味地付出。

从4号桌那位新疆长大的小哥哥的脸上的笑容能看出来，背井离乡的他，是多么想念家乡的味道。到阿依来，是来找寻故乡的影子。对他来说，此时此刻可能这份大盘鸡就是"家"了吧。

从22号桌的李先生的背影，和3号桌李女士的眼神，我可以看出他们真的是非常满意这次就餐。每个人需求的点，可能只是一个很小的问题，而我们努力的方向就是让客人100%满意而归。不管客人是带着怎样的情绪进门的，但从阿依来带出去的一定是快乐。

从666号桌的龚先生家小孩玩耍的样子中，我们可以看出一家人出来吃饭，孩子开心就是一家人的开心，所以一定要让小孩子开开心心的，大人自然就会除去一切烦恼。

我们是做餐饮的，也是做服务的。快乐手环是一把标尺，它衡量出来的是顾客的快乐值，通过客人的快乐值，来评估服务质量。饭菜的口味可能会因人而异，但是开心这件事，每位客人的感受都是一样的。

我们没有理由说辛苦，毕竟是在为自己所喜欢的事情而工作。我们看

到客人快乐,其实是一件幸福的事。正是因为顾客的一张张笑脸,才让我们感觉自己所付出的一切都是值得的。

每天餐前准备时,我们都会想到那些将要见到的客人,当他们看到我们端上美食时,那种开心的表情;当他们享用我们的美味大餐时的满意状态;当他们看到我们热情周到的服务时,那种心满意足。一想到这些,我就觉得每一天都充满了动力,有用不完的劲。

快乐就像一粒种子,用心地播种,就一定会硕果累累。

快乐就像一面镜子,你对它微笑,它就会回报以微笑。

让我们笑起来吧。有一句老话:笑一笑,十年少。

作为餐饮人,今天我们也可以说:

笑一笑,顾客到。笑一笑,财神到。

我是快乐餐饮人
阿依来，快乐来

我和阿依来有个约会

作者：罗少军

江西宜春人，现任金钟河店前厅经理。

座右铭：志当存高远。

春有百花秋有月，夏有凉风冬有雪。

春和百花的邂逅，令春季芬芳灿烂。秋和月的搭配，连夜晚都充斥着浪漫的气息。夏和凉风的相遇，有一种与众不同的惬意自如。皑皑白雪装饰后的冬天，美不胜收。

四季有它的变换和相遇，人与人也有充满奇妙而又快乐的遇见。3月27日，我们的团队迎来了一位带有独特气场的小伙伴——董玉双。

托着一张笑脸的董玉双

她来到阿依来的时候，是李店（现任河北店店长）接待面试的，后来我把她带到宿舍。在回去的路上，我跟她进行了一番简单的聊天。这个女孩有点意思，开朗阳光，我觉得还不错。安排好宿舍后，她休整了几天，给她安排的是4月1日开始上班。

"在上班之前，如果觉得无聊的话你就去店里看看，提前熟悉一下。"这是我对她的嘱咐。

不是一般人，不干一般事，这是她给我的印象。一般情况下，刚进入一个新环境的小女孩，大都会比较沉闷，而且那时候距离上班还有两天时间，我以为她会选择在宿舍平静地度过这两天。结果真的是出乎我的意料。

3月28日，晚上八点多的时候，我在门口接待客人。突然进来一位小姐姐，我以为是客人，非常热情地接待了她。结果她摘下口罩的时候，我们都哈哈大笑起来，原来是玉双。从那天开始，在她正式上班之前，她每天都会来店里。前厅的小伙伴都认识了她，她已经可以独立地装外卖了，但那时候她还没有正常上班。她的存在，就像是专门给别人带来惊喜一样，团队小伙伴也因为她的加入而感到欢喜。

阿依来是一家发展型、学习型的餐饮企业。在引进各岗位人才之余，我们还在学习各种有助于我们发展的知识技能。感动服务，就是重点学习内容之一。

从2020年新冠肺炎疫情开始，我们学习最多的是感动服务，思考最多的是感动服务，说得最多的也是感动服务。反正除了感动服务，还是感动服务。因为感动服务，我们的服务质量也有了大幅提升。

董玉双来到阿依来的时候，我们第一阶段的感动服务以及模拟操作已经结束了，所以那时候她对阿依来的感动服务理念的认识其实是空白的。等到了五月份的时候，我们又进行了第二阶段感动服务的学习，那段时间我们连续两周的中午都在店里听汉源餐饮大学的直播课。在那段时

间的学习结束以后,通过大家的眼神我能感受到,他们接收理解的并不多,其中就包括董玉双。可是在后来的实际行动中,却并不是如此……

夏季来临后,便经常出现下雨的天气。我是一个不喜欢下雨天的人,但是那年夏天下了两场雨,让我格外喜欢。

7月的某一天傍晚,突然下起了雨。因为董玉双是收银员,离门口的距离特别近。那天一下雨,董玉双就去门口往外看了一下,在看的时候突然间发现有一辆电动车停在门口,而且那辆电动车上面还有婴儿座椅。当玉双看到这个情况后,立马去传菜部拿了一个干净的大垃圾袋。女孩子的细心和爱心,在这一刻展现得淋漓尽致。拿到大垃圾袋后,她非常耐心且仔细地把那辆电动车包裹得严严实实的。就在她刚把电动车包好回到店内的时候,雨变大了。

那天晚上,我在二楼遇见一个特别可爱的小姑娘,长得跟个洋娃娃似的,又聪明又讨人喜欢。因为这个缘故,我给那个小姑娘拿了玩具,跟她逗玩了一会,跟那桌的大人也聊了一会。后来他们这桌走的时候,正巧我看到了,我就亲自从二楼带到一楼然后送到门外。

等到了门外的时候,我发现那个小姑娘的妈妈往那个被"保护"好的电动车走去。原来这辆车,是他们的。

那个时候的雨,已经停了。当那个妈妈第一时间看到车上包裹着一层黑塑料的时候,是很好奇的,后来发现袋子上全是水,才明白那是一件给电动车穿上的"雨衣"。

"那会刚下雨的时候,怕您的车被淋湿,所以我们的收银员小姑娘就帮您盖起来了。"

我说这话的时候,正好董玉双也在门口,那一刻客人的脸上浮现出十足的欢喜。董玉双也接收到了客人的感谢和高度的认可。

"真的太感谢了,你们的服务真的太好了,就冲你们这小姑娘,我们

都会再来。"说这话的时候,连她的闺女也高兴地唱起了在幼儿园学的歌,说这是送给收银员小姐姐的。

一个简单的举动,收获了不简单的心情。那一刻,阿依来对顾客的爱,被我们的玉双体现得淋漓尽致。

而这样的行为,这样的故事并不是只发生一次,它陆陆续续地发生着,而且有很多次的主角都是我们的玉双小朋友。

中国有一句话说:独乐乐不如众乐乐。一个人的快乐,它是快乐,而因为一个人给无数人传递了快乐,这样的快乐才是充满爱的"大乐"。

人的一生,不管做什么事情,追求的是什么,结果无非是为了快乐二字。快乐是一种心态,是一种感到高兴或满意的感受,令人愉快的反应。董玉双就是一个这样的存在,给团队小伙伴带来了欢乐,给客人带来了感动,给阿依来带来了赞誉。她,同时也是快乐的最大收获者。

快乐,可以是空气,让你的心灵呼吸;快乐可以是天空,让你的梦想飞翔;快乐可以是朋友,让你心情舒畅。快乐,是我们和阿依来的邂逅,快乐,让每天充满阳光。

阿依来,快乐来!

一本青春的书

作者：罗少军

江西宜春人，现任金钟河店前厅经理。

座右铭：志当存高远。

王宇航，河北承德人。他来自一个非常普通的家庭，爸妈是普通的农民，家里还有一个弟弟。2017年2月11日，也就是在他16岁的时候来到了阿依来。这是他第一次出门打工，也是他人生中的第一份工作。

当时的王宇航，是一个普通得不能再普通的小男孩，高一之后没有继续读书。离开学校后，通过家里的一个叔叔联系到了万达店的原店长付总，也就是现任红旗路店的店长。在这么一个机缘巧合下，他来到了阿依来。

刚来阿依来的时候，他年龄太小了，又没有经历过什么事，所以性格格外腼腆，甚至跟人说话都会脸红。虽然腼腆，但是这是他的第一份工作，所以对很多事情都觉得新鲜，在工作中自然也就特别听话。

每个人的年少青春时期，都是一张洁白无瑕的白纸，等待着别人或者自己在上面或浓墨重彩或轻描淡写地书写。这个小男孩也不外乎如此。

16岁的那一年，身上彰显的，眼神中所放射的都是单纯两个字。那时候的他，不抽烟不喝酒，店长或者前厅经理每次组织门店团建活动叫他，他也从来不去。每天两点一线，除了门店就是宿舍，哪怕是休息他也不曾出去，一个标准的单纯少年。

岁月无语，青春有言，时间无声无息地改变着人的青春与生命，青春真实地映照了人的心路历程。岁月永不会为任何人的青春买单，然而青春却会给每个人谱写一段生命的乐章！

一个单纯的少年，慢慢也变得不"简单"了。本来在传菜员的岗位上战战兢兢的他，工作越来越得心应手了，最后还一度被调往水吧学习，并且成功地担任吧员一职。在他身上发生变化的不仅仅是职位，还有性格。一开始因为涉世不深，对很多事情的认知都是空白的，所以基本都是别人说什么他做什么。而当他工作了一段时间以后，慢慢地也有了自己的主见，对于工作上的事情也开始有了自己的想法。当然，他也出现了青春期的正常的现象——叛逆。

2018年4月，公司制定并实施万达店搬迁至中北镇的计划，而团队也因为搬迁的原因需要暂时将人员安置在各店。王宇航就被顺理成章地安排在了奥城店，那时候他在奥城店担任传菜员。在奥城店，他结识了一位小伙伴，也就是现任金钟河店的领班——鲁坤。鲁坤对王宇航的意义非

2017年，16岁的王宇航

常，给他带来了不少的帮助和影响。两人友谊的开始和发展，虽然平淡如水，但是彼此却非常认可，可以说是情同手足。

我记得有一本书上说过这么一句话：一些人存在的意义总归是让另一个人成长，然后消失。鲁坤对王宇航就是如此。只不过，鲁坤并没有消失，到现在为止两人每天都一起上下班、并肩作战，简直可以说是形影不离。

2018年6月16日，中北镇店如期开业，王宇航也回归了曾经熟悉的团队。值得一提的是，鲁坤也因为工作原因后来被调往中北镇店，两人又重新相聚，喜悦之情溢于言表。

时间之轮依然在不停地转动着，在中北镇店21个月的时间里，王宇航经历了很多，成熟了不少。再加上经历了四期导师训的洗礼，他收获最多的是自己的语言表达能力和勇气，他不再是当初那个稚嫩的小男孩了。而且在这其中，专业技能也学会了很多，服务员、传菜、收银、水吧、库管，这些岗位他都做过。从企业的角度来讲，也可以说是难得的"万能"人才。不过年轻终究是年轻，还是有很多的棱角需要打磨。虽然他多才多艺，但是因为自身的性格原因，有些方面还是止步不前，懒惰就是他当时的名片之一。用鲁坤的话来说：什么都会，但是不愿意操心，有些能干的事情明明可以去做，但就是不愿意动起来，在工作中也并没有什么亮点。

2019年6月，鲁坤因为人员调动被调往金钟河店任前厅领班一职，这件事对王宇航也有一定的影响。随着鲁坤的离开，他感觉越来越孤单，脸上的笑容越来越少了。突然有一天，可能是不想忍受了，他申请调往河北店，这事发生在2020年3月。申请被公司批准，门店之间也都做好了相应的安排和沟通。3月19日，一个狂风怒号的傍晚，金钟河店店长李总开车把他接了过来。

接过来后他第一时间来到店里，这是我第一次真正地接触到他。第一印象：笑起来挺阳光的。还有一点，用他的话来说：长得比我帅。

我们这一生可能会和800万人相遇，能变亲近的却只有200人，但最终可能都会失散在人海里。

来到金钟河店,王宇航经历了阿依来四家店,相遇了很多人,有些人可能已经和他失散在人海里,而他和鲁坤又再续前缘,重新并肩战斗。从那一天开始,他的笑脸就像阴雨后的阳光一样,重见天日。那个快乐的少年,回来了。

生活在继续,工作也没有停歇。人生哪有那么多的变化和意外,然而理想终究是理想,跟现实存在南辕北辙的现象也很正常。

在他来到金钟河店的第4个月,也就是7月15日。那天下午我在外面办事,突然间收到了他的微信:"罗经理,我家里出了点事,我想休个年假。"

当我看到这个消息的时候,我很为他担心,直觉告诉我这个事情肯定不简单。所以当我第二天到店里的时候,我第一时间找到他,我想知道他到底发生了什么事情,看有没有我们能帮得上忙的地方。虽然我们真正接触合作才短短4个月,但是这个小男孩我真的很喜欢,我一直就把他当成我的弟弟一样。可是对于我的关心和询问他拒绝了,后来我又试图跟他沟通这件事情,答案跟第一次的回答如出一辙。没关系,解决事情才是当下第一位的,所以我第一时间安排了他的年假日期。

2020年的王宇航

2020年7月20日,他开始了他的年假。我本以为既然申请的是年假,那

我是快乐餐饮人
阿依来，快乐来

么家里的事情应该10天就能解决吧。在他回家后，我因为担心又跟他联系了几次，但是对于家里的事情他依然缄口不言。直到7月28日晚上10点，他给我发了一条微信，当我看到微信内容后我第一时间给他打电话，终于知道到底发生了什么事情（此事不便公开）。那天晚上我给他打了两个电话。第二个电话是我下班后给他打的，电话里他的声音很无助，我也哽咽了。

再次见到他的时候，是8月30日的中午12点，听鲁坤说王宇航回来了，在宿舍门口。听到这个消息后我立马拿着钥匙去了宿舍。还是那个熟悉的少年，那张阳光的笑脸。

"回来就好。"我用力地跟他拥抱了一下。

跟他聊了一会以后，我跟他讲："你刚回来，正好明天是31日，你明天再休整一天，1日开始上班吧。"我的这个安排跟他的想法不谋而合。

他离开团队虽然仅仅一个月多一点的时间，但是阿依来的变化却不少。员工考级机制、5S、快乐手环，等等。工作内容的变化，各种机制的调整，再加上脱离了团队一个多月的时间，对王宇航来讲难免有些不适应的地方。

生活之所以是生活，就是你永远都不知道接下来到底会发生什么。我以为我还是比较了解他的，经过这几年的历练，也应该长大或成熟不少。然而事情并没有我想的那么简单。

回来以后，他性情大变，变得我都不敢认识了。

"宇航，你背诵一下给顾客过生日的定场诗。"这是9月6日早上例会的内容。

"不会。"回答干脆利索，面无表情。

第二天下午例会又重复这件事，依然还是不会。那天下午的例会，我对这件事做了一个简单的安排，还没有背会的下午继续背，晚上检查合格了再下班。

结果到了晚上的时候，他依然不会，我在等他的结果，他在等我主动

放弃这件事。

那段时间,他对工作上的大多数事情都是冷漠、无动于衷的,包括服务顾客,这种状态是他那时候的常态。一开始我以为他可能是真的很不适应,还没有完全缓冲过来。所以,我选择了包容和理解,一次又一次,自始至终都没有责怪或批评。到了九月中旬的时候,他还是一如既往地保持这种状态。我开始有点坐不住了,真心为他这种状况着急。

那天晚上八点,忙完以后,我找他进行了一番沟通,我想了解他内心的真实想法,并且试图帮他纠正。很多时候,想象总是美好的,而现实却又是另外一回事。那一次沟通后,我以为会起到一定的效果,结果却并不是如此。从例会的状态到工作的实际行动,他依然是我行我素。

9月28日,关于他一成不变的状态,我又找他聊了一次。因为他对前厅整体的服务工作有了一定的抵触情绪,而且十一黄金周又马上来临,快乐手环的所有准备工作都已经结束,10月1日开始就要正式实施了,不管从他个人的角度还是工作的角度考虑,他都必须改变。那次的谈话时间很短暂,也就10分钟左右。但是谈话的内容和方式很直接,我希望他能幡然醒悟并意识到自己问题的严重性。那天晚上,我给他下了最后通牒。在这期间,他的好伙伴鲁坤,也在一直不断地帮助他。

十一黄金周,对于餐饮行业来说,是一个不可多得的好时机。那天开始,忙碌的黄金周开始了,大家都在紧锣密鼓地准备迎接第一天繁忙的工作。

苍天不负有心人。生活有的时候也许很糟糕,但是只要你用心地去生活,其实一点都不糟糕,可能还惊喜连连。也就是从那天开始,我发现他眼睛里有光了,脸上重新洋溢起那种少年应有的活跃和笑容。我又看到了那个快乐的少年。

我是一个喜欢笑的人,也是一个热爱生活的人。在每天工作中,其实我还有一个最大的快乐来源,就是看到这些小伙伴脸上展现出真心的笑

容。换句话说，他们开心，我更快乐。

有人说：青春是一本太仓促的书，我们含着泪，一读再读。

换种方式来说，如果在我们年少时期，放慢我们的脚步，用心去体会青春的美好，就算是经历了万千磨难，也只是为了以后的顺遂。

一个刚踏出校园的少年，一个第一次参加工作就来到阿依来的少年，曾经也懵懂过，也迷茫过，也曾蜷曲着身躯慢慢感受着一切。但是因为他的勇敢，因为他的昂首挺胸，最终从羞涩到长大。这一路走来，风雨不歇

2020年10月大盘鸡节，王宇航洋溢着活跃和笑脸

地向他奔涌而至，他也终究看到了属于自己的一片彩虹，找到了属于自己的快乐。

阿依来好似一片充满魔法的神奇之地，不同年龄、不同背景、不同地域的人，因为各种原因齐聚阿依来。有的人收获了财富，有的人收获了能力，有的人收获了成长，有的人收获了感动。但是大家都有一个共同之处，我们都收获了快乐。

有爱，才有真情；有家，才有温暖。阿依来，一个快乐的家。

阿依来，快乐来！

黄金搭档面点房

作者：李金勇

山东乐陵人，现任金钟河店店长。

座右铭：选择比努力更重要。

阿依来在维吾尔语中是"家"的意思，这三个字对我们来说是非常重要的，因为它承载着阿依来人共同的梦想——让中餐影响世界。阿依来是家文化，我们同事之间都跟家人一样，互相帮助。这是一个有爱的大家庭，每一天这里都充满了欢声笑语，大家都在这个氛围里快乐地工作和成长。

每迎接一位新员工，我都会和他们讲述"阿依来"这三个字的意思，让他们感受到家的温暖，来到这里就像回到家一样，我们不但说到了而且做到了。

面点房是阿依来店里一个很普通的部门，但是河北店面点房的黄金搭档，让这个普通的部门变得不再普通，让平凡变得不再平凡。

阿依来每年都会迎来合作学校的实习生，帅气的回族小伙金晓斌就是这样来到了阿依来这个大家庭，他性格很腼腆，大家也都非常喜欢他，他没有年轻人的傲气，他总是细心地跟着大家学习，他也没有年轻小伙的懒惰，他的勤奋大家都看在眼里，白天跟着大家一起工作学习，晚上下

我是快乐餐饮人
阿依来，快乐来

班也在熟悉部门的标准量化。他积极参加导师训，通过不断地学习成长，晓斌已经可以在面点房独当一面了。在来到阿依来这不到一年的时间里，他的成长速度大家都是有目共睹的。他现在已经完全褪去了那种年少的青涩，多了一分成熟和干练。

同年七月，我们店迎来了一位可爱又能干的大姐，她叫吕萍。她对"家"这个字也有自己的理解，她的女儿来天津上学她就来天津陪女儿，挣钱不是她的主要目的，她只想能陪着自己的闺女，什么也不挑。大姐是山西人，山西人善做面食，就这样吕萍被安排到了面点房，成为晓斌的一位助手。

每个新员工到了阿依来，我们都会为其提供崭新的被褥和三件套。我当时问大姐的时候，大姐说："我有被褥，不用麻烦了。"这件事后来也就一直没有再提。

前几天大姐忽然找到我："店长，现在可不可以领一套被褥？"我们就聊了一会，大姐就跟我吐露了实情："我当时就是想试一下这里到底是不是我想要的工作，我能不能在这里待下去，在面点房工作了一段时间我的心告诉我，阿依来就是

可爱又能干的大姐吕萍

我要找的地方,我喜欢我的工作,我喜欢阿依来这种工作氛围,我相信能把工作做好,我更喜欢咱们这个团队,在这里我感受到了家的温暖,有家的感觉真好。"

大姐很开朗,晓斌很喜欢大姐,他们就像亲人一样,工作中相互帮助。大姐很快和晓斌建立起了属于他们的默契,大家有事儿没事儿也喜欢在面点房待着,每当经过厨房我总能听到面点房里传来的欢声笑语。

有一次我在厨房发现了一盘子烤煳的玫瑰花馕,还没等我问咋回事,大姐就跑过来了:"店长,这个是我的错,我没有看好时间,一会我就去收银台买单,跟晓斌没有关系的,是我一个人的错。"这个时候金晓斌领料回来了:"阿姨,怎么能够这样,就是因为我烤馕的时候别人叫我了,我给忘记了,这个怎么能跟您有关系呢,我的错跟阿姨没关系。"虽然是一件不好的事情,但是我眼里看到的却是一件令人开心的事。短短两个月的相处,他们的感情竟然这么好,肯为对方担当。这深深地触动了我,在心里为他们点赞。

还有一件事我也特别感动,由于河北店库管要离职,我们铁三角商量着谁能兼职库管这个工作,首先人品要正直,还要有高度的责任心。我忽然想到了大姐,就她了,她是高中学历也够用了。

当晚我就找吕萍谈话,把我的大概想法讲了一下。"店长,我很愿意学,还有我其实不止是一个高中生,我以前也在陕西科技大学上过学。"

听到这句话的时候我被惊到了,一个大学生在面点房包了三个月的包子,拉了三个月的拉条子。

吕萍说:"当时说自己高中毕业就是怕找工作时人家嫌弃,怕我不能吃苦不用我。"这一瞬间我对大姐肃然起敬,我从心里尊敬有文化的人,更尊敬有上进心的人。库管要早上收货录单子,需要早起,中午休息时间还要把单据录入系统,晚上要与供货商叫货,等等。她还要兼顾面点。我就跟大姐说:"晚上你可以八点半早点下班,这样才能休息好。"大姐说:

我是快乐餐饮人
阿依来，快乐来

"那不成，晓斌一个人忙不开，我肯定要帮助晓斌的。"在我强制要求下，大姐算是口头答应了，结果晚上还是不肯走，赶都赶不走。

父母给予我们的爱是最无私的，大姐对晓斌就像一个母亲呵护着自己的孩子一般，怕把孩子累坏了。由于工作安排发生了变化，我就找晓斌聊一下，怕太突然晓斌一时不好接受。

"我会找合适的人来接替吕萍，叫她有一个适当的休息时间，晚上让她早下班一会儿。"晓斌是一个特别懂事的孩子，听完后说："店长，这是好事，我能行，您就叫阿姨学吧，面点房有我呢。"我又问晓斌还有啥需要我协助的，这孩子欲言又止的样子，我以为要跟我提一些待遇问题，而他却语出惊人："我就想问一下，给阿姨涨工资吗？"我说："肯定涨。"晓斌马上露出了孩子般开心的笑容。"那就好，那就好。"说完，他蹦蹦跳跳地出了办公室。让我惊讶的不是这对黄金搭档用最短的时间培养出了最好的配合度和默契度，而是他们凡事都为对方考虑，像是一家人一样，携手并肩共同成长，这不就是我们家文化的最高体现吗？

异乡的家

作者：宋君红

河北邢台人，现任管理公司运营总监助理。

座右铭：爱拼才会赢。

人的一生中有很多的遇见，有的遇见只是遇见了而已，有的遇见却是一眼万年，仿佛是冥冥中注定的缘分，就像我有幸遇见阿依来。

人的生命只有一次，一定要在有限的生命里做更多有意义的事情。都说选择比努力更重要，正确的选择会少走很多弯路，的确如此。上学的时候我们选专业，工作的时候选企业，都很重要，拥有一份自己热爱的工作，遇见有发展空间的企业是件幸运的事。有幸遇见，何其开心。

阿依来是一家新疆特色餐厅，之前从未接触过餐饮行业，不承想在这一待就是五年。时间如白驹过隙一晃而过，还记得五年前的那个炎热的夏天，太阳格外耀眼。那天早上我第一次走进了奥城的409办公室，自此开启了我与阿依来的故事。

记得刚来的时候我对餐饮行业一点也不了解，运营助理做什么，说实话我并不清楚，但是我很想去尝试，跳出舒适圈，挑战下自己。

每周一店里铁三角都会到公司开例会，那时不太明白，为什么餐饮公司还需要每周开一次例会，两家店有事情电话解决就行了嘛。慢慢地

我是快乐餐饮人
阿依来，快乐来

我知道了，我们要做百年老店，要活得久，就是要做得不一样，姜总、孟总（阿依来老板）是我们阿依来的大家长，他们就是这样日复一日，年复一年，用一场一场的例会，在不断地言传身教中教会了我们，让我们懂得这个目标的意义，带领着我们一步一步稳稳地向前走。"广阔天地大有作为"，

快乐的团队游

有这样好的平台和耐心指引的领导，我们内心是感恩和快乐的。

前五个月去店里实地学习得比较多，对这个行业了解了很多，小伙伴们都非常耐心地教我。我没想到，看似简单的擦桌子、摆台、上菜也有这么多的学问，这五个月在前厅各岗位间轮换，学到了很多以前从未接触过的东西，很新奇也很开心，感觉自己正式迈进了餐饮行业的大门。看着小伙伴们脸上洋溢着开心的笑容，熟练地穿梭在餐桌之间。这个时候他们是会发光的，这束光照亮了每一个经过他们的人，不仅仅是把微笑和来自内心的快乐传递出去，也把爱和温暖的力量带给了更多的人。那时候我特别好奇，也很想知道究竟是什么样的"魔力"能够创造出这样欢乐的氛围。

为了更好地维护好我们的家——阿依来，我们倡导"传帮带"，一个人带一个人，互帮互助。我们的团队是学习型的团队，我们的家族导师

训、家长会，都是不可多得的成长平台，是一个练就本领的机会，是一个改变人生的舞台。离开校园之后再没有这样的机会，难以想象除了家人和学校老师之外，还有人这样迫切地想要你去改变，去成长，去成为更好的自己，姜总、孟总就是这样不断督促我们的人。这样年复一年，每一次管理组例会、每一次团建、每一声亲切的问候、每一个鼓励的微笑，都是对我们深切的爱和期盼。姜总、孟总曾说："不要怕没有适合自己的工作，只要你成长起来，有的是舞台。"他们是多么希望团队的每个人都能够变得更优秀，收获更多。他们还常常开玩笑：等你们谁成长起来把我们替代了才好呢。在阿依来，有这样好的领导耐心地教导，有志同道合的伙伴相互鼓励，并肩战斗，在这样满满正能量的氛围里学习成长何其幸哉。我想这就是阿依来独特的"魔力"所在。

2020年9月马总生日聚会

有段时间我感觉自己走进了一个瓶颈期，没有了方向，不确定自己到底还能不能做好，不断地质疑自己，想着是否能够继续走下去，也一度想过要放弃。没有想到两位大家长时刻在关注着我们的成长，我清楚地记得那是1月23日过年放假前，上午开完会，姜总、孟总和我说，希望我在新的一年里能够在宣传板块有很好的发展，好好发挥自己的特长，体现自己的核心价值……姜总、孟总像家里的长辈一样鼓励和指引我，听完他们的话，我瞬间拨开云雾认清了方向，也坚定了自己的想法，心里的小火苗熊熊燃烧起来。没错,这正是我想要做的事情。在我迷茫的时候两位大家长这样温暖的鼓励就像乌云密布的天空中透出的一束光亮。是的,那是太阳,是新的希望。

新的一年我们对重要节日加强了宣传,我知道这是机会也是挑战,暗暗地下决心一定要尽全力做好。从春节、情人节、到大盘鸡节,从门店的布置、物料的制作到文案的宣传,协助马总全力打造节日的氛围,引流拓客,从不懂到懂得,各项步骤的细节完善,我都很开心地去了解、去完成。这种对未知的探索,让我又一次找到了工作的热情。更开心的是活动效果很不错,顾客也感受到了我们在与时俱进和不断提升,并给予了肯定。能够做自己喜欢的事情,很幸运,感谢大家长的信任,是这份信任让我收获了被认可的快乐。

2020年10月为小伙伴制造惊喜

今年私域流量的搭建也是非常重要的一个工作板块,作为日常维护人员我深感责任重大。目前我们有40多个粉丝群,9000多人,每天都在不断增多。文字是情感的表达,好的文字是能够打动人心的艺术,好的文案更是可以直击人的内心深处,从而引起共鸣。写什么,怎么写才能更吸引人,从而提升顾客满意度和信任感,有效转化提升复购率,我不断地总结经验和调整方式,公司小伙伴也给了我很多的支持。在这样友爱的大家庭里,在不断挑战中我们收获了快乐。

　　与阿依来相伴一起走过的这五个春秋，阿依来见证了我很多改变，褪去了青涩稚气，换来了如今的成熟稳重，更多了一份责任心。这一路的陪伴和蜕变，是最宝贵的财富，也是我一生珍贵的回忆。

　　回首这五年，有耕耘的艰辛，有收获的喜悦，有委屈的泪水，也有被肯定的开心，更重要的是在这里收获了像亲人一样并肩奋战的伙伴，他们都是我在这个异乡的家人，这是什么都比不上的。感恩阿依来培养了我、锻炼了我，给了我实现最初梦想的平台。

　　在阿依来，我获得了成长的快乐、实现梦想的快乐、感恩的快乐、收获的快乐。未来的征程，无论遇到怎样的风雨，我都将无所畏惧。我愿在阿依来这艘大船上，和家人们一起携手，扬起风帆，乘风破浪，勇往直前！

我和我的外国兄弟

作者：陈星

陕西西安人，现任中北镇店服务员。

座右铭：努力让梦不再遥不可及。

我的家园"阿依来"一直在寻找一种员工之间产生出来的快乐氛围。顾名思义，就是让我们兄弟姐妹之间工作更加融洽和快乐，能让我们有一个更愉快、更舒适的工作环境。

在我的工作环境中，有很多让我开心快乐的事情。故事得从我认识的一个外国兄弟开始说起。

跟往常一样，我们在正常接待着进店用餐的顾客，每一位进店用餐的客人我都会带着微笑用心去服务。在餐中我第一次遇到了我的这个外国兄弟，我们的这次相遇打破了我心里对接待外国人的顾虑。当我把那位外国兄弟引导落座后，我去拿菜单并倒水，做着点餐前的标准服务。在这过程中，那位外国兄弟很友好地对我说了声"谢谢兄弟"。

万事开头难，尽管外国兄弟的这句"谢谢兄弟"说得不是那么流利与标准，但它打消了我之前所有的顾虑。在我帮他点菜的过程中，每个字眼我都说得特别小心，生怕他听不清，也怕出现疏漏。渐渐地，我发现我们的沟通并不困难，我很开心快乐，沟通也很好，交流很顺畅，过程也很愉快。我的外国兄弟在整个过程中没有因为我的笨拙而不耐烦，反而不断露出他那满脸的微笑和满嘴的大白牙，还为我竖起了大拇指，就好像在说"兄弟，你很棒"。在外国兄弟点好菜后，我去核单的时候，他突然又对我竖起大拇指说了声，"谢谢兄弟"。我的心已经被他的这句"谢谢兄弟"完全征服了。餐后，外国兄弟起身要走的时候，我把他送到了大门口，兄弟停下来很高兴地对我再一次说道"谢谢兄弟"，我也很开心快乐地跟他握手道别。

相遇即是缘。当我们第二次相遇的时候，我的心里满是激动。有一天在餐中，我在服务其他桌顾客时，突然有人拍了我一下，说了声"嘿，兄弟"，我转头一看，哇，外国兄弟！我很激动地跟他打招呼，在服务完当桌的客人后，我立即跑过去和兄弟拥抱，把他带到了座位上，为他倒好了热水，又看到他露出大白牙，我心里很是开心和激动。在点菜过程中我们像老朋友一样配合默契，在帮他点完餐后，我还特意赠送了我们家自制的手工干果酸奶。他非常高兴，再次为我竖起了大拇指。

看到他用餐完毕，我跑过去准备送他，心里还有点不舍。

因好的服务而与外国朋友成了兄弟

我用动作提示他带好随身物品，他握着我的手对我再次说了声"谢谢兄弟"，并给了我一个拥抱，我的心里非常感动。在送他到门口时

我是快乐餐饮人
阿依来，快乐来

他又特意拥抱了我，我心里乐开了花，并邀请他一起拍照留念。在整个过程中，虽然我们的语言不同，可是我们的快乐是相同的。以后在工作中我一定会更努力提升感动服务的品质，把我的快乐带给身边的家人和更多的顾客。

我以前从没有感受到工作中有这样的快乐，也不知道工作中的快乐是如此的简单，只想着把自己的工作做好就行。自从我认识了这个外国兄弟之后，我感受到了快乐是如此简单，在今后的工作中我会带着我的爱用心去服务，懂得珍惜和及时创造快乐。

我的成长与改变都离不开阿依来的栽培，在这里工作我非常快乐。在这里工作，我认识了许多朋友，也学到了更多知识与技能。身在阿依来我是非常幸福的，我选择阿依来这个企业，因为她给了我家的感觉，让我身在他乡也能感受到家一般的温暖。我坚信在今后的工作中自己会收获更多的快乐。

让我们一起携手阿依来，共创辉煌。

阿依来，快乐来。我爱我的阿依来。

分享其实才是最大的快乐

作者：王金平

甘肃平凉人，现任中北镇店厨师长。

座右铭：能做到100%的，绝不只做99.9%。

"下个月16日我们组织第二次技能比赛，这次比赛的口号叫'爱上一只鸡'。"一个高个子男人在厨房例会上刚说完这句，大家都忍不住笑了，他也笑了。片刻间他又严肃了起来，说道："这次比赛的菜品是'沙湾大盘鸡'和'柴窝堡辣子鸡'。"当我听到这些消息后，感觉内心有种压不住的激动，我等待已久的机会终于来了。直到四年后，我回忆起当时的情景依然激动和兴奋。

2017年8月16日是我们企业"爱上一只鸡"活动比赛的日子。七月份的时候，我们的两位厨师长田厨和高厨刚去新疆学习完一些新疆特色菜回来，为了迎合本地（天津）人的口味，我们需要在学回来的菜品基础上进行升级，让它更接近这边人的饮食喜好，因为这两个菜品都是新疆菜的代表菜，所以我们决定后半年主打这两道菜品，配合新菜品的升级才有了这次"爱上一只鸡"的技能比赛！

"沙湾大盘鸡"这道菜，我们一直保持了新疆本土的做法，口味特点也受到广大顾客的认可，我们需要做的就是掌握它的几个制作要点即可。

我是快乐餐饮人
阿侬来，快乐来

我今天讲的主要是另一道菜品"柴窝堡辣子鸡"的研发故事。

"柴窝堡辣子鸡"是新疆的一道特色名菜，是新疆柴窝堡这个地方的美食名片。这个菜品的前几次试做，一直在我们店进行。但是，出品要么颜色可以，口感不行；要么口感可以，色泽不行。因为地域问题，这边能采购到的大公鸡和新疆本土的大公鸡在肉质方面还是有本质性差别的。

王金平，现任中北镇店厨师长

当时我就在想，这是一个烹饪难题，在原材料有局限性的情况下，既要达到理想的口感，又要达到理想的颜色，火候和制作的时间一定要把控得特别精准才有可能实现！伴随着这些难题，大家开始了研发以及练习的工作。

起初，我们在两位厨师长的指导下，反复地练习，一次次地失败，一次次地推翻自己现有的认知。

炒出来的辣子鸡里的长线椒，始终没有那股酥酥的脆椒香味，反复试还是不行，研发工作陷入了困境。大家一致认为是辣椒的问题，新疆地区的昼夜温差大，日照时间长，因此新疆线椒本身肉厚，含糖分高，辣中带香甜，但以本地供应为主，很少给外地供应，且成本较高，所以外地市

场上不容易采购到,我们用的辣椒不是新疆本土的那种,而是市面上广泛出售的那种。了解到这个情况后,大家都有些沮丧,因为这些客观问题大家解决不了,研发工作一度陷入了僵局。公司的领导得知这个情况后给予了最大的支持,大家长(阿依来老板)通过联络他在新疆的朋友,把现有线椒换成了新疆本土的那种。大家得知这个消息后都喜笑颜开,经过反复试制后,这个辣椒的问题解决了。慢慢地试做出来的菜品有点模样了,大家长来品尝以后,觉得可以了,也对我们的付出表示认可,同时也指出辣子鸡的鸡肉吃完后回香味不够浓郁。已经花了很多的精力和财力,丝毫的缺陷,都是大家不能容忍的,所以大家都在思考着这最后一道"难题"。通过不断查阅书籍和向老一辈师傅请教,借助其他菜系类似这种干煸菜品的经验,我们觉得这个问题的解决方法得从最简单的原材料着手,就是我们制作辣子鸡的菜籽油。只有制作菜品的油香味醇厚了,菜品到吃的那一刻,才能挥发香味。想到这里,我们便开始对制作辣子鸡的菜籽油下手,又加上个别蔬菜和香料进行反复炼制,慢慢地有了想要的那种感觉。果然,各个细节到位以后,这次的出品终于完美了,每个人脸上都洋溢着会心的笑容,那是胜利的喜悦和成功的快乐。

大家下班后,在一起相互分享自己的经验

我是快乐餐饮人
阿依来，快乐来

比赛的准备工作开始了，我抽到的是3号（我们企业内部的比赛，为了公平起见，所有菜品只贴号，不贴参赛人名字），大家陆续地做好各自的准备工作，在开始操作的那一刻，看得出每一位家人脸上都洋溢着自信，内心都充满着对这道菜的期待。"一道菜品是否完美，取决于在制作它时，每一个原材料是否完美，每一道流程是否完美，每一次的火候把控是否完美。"秉承着这些理念，我开始操作了，经过每一道细致入微的操作后，一道芳香四溢的佳肴出锅了，再经过荷台家人精心摆盘，上桌了。

比赛当晚评委的统计结果出来了。在宣读之前，我内心充满了忐忑和期盼，我知道我的分数应该不会低，但是不是第一我不知道。"根据比赛菜品的颜色、口感、摆盘……各项得分相加，第一名是3号，第二名是……"哈哈哈，3号，我成功了，开心加喜悦，内心悬着的石头落地了，这么长时间的付出没有白费。"正是有了大家共同的努力，才有了此刻我这个'第一名'，当然除了厨师团队还有很多个在背后默默付出的兄弟，包括打荷的兄弟、传菜的兄弟、前边服务的家人。一道菜做得再好，如果传菜的家人在传菜的过程中没端好，摇散了原有的造型，如果服务员在上菜的

大家在一起讨论如何把菜品做得更好，相互分享经验

时候手没有端稳当……那可能就没有这个结果了。"想到这里,我突然觉得团队中每个人默契的协作无比重要。

在这次研发升级和比赛的过程中,有很多次的失败,有很多次的气馁,也有很多次的迷茫。是什么让大家一直保持积极的心态,始终没有放弃呢?我觉得这源于我们企业文化中一直推崇和秉承的"工匠精神"以及"爱"。为追求完美而不断精益求精、一丝不苟的拼搏劲;让每一位热爱生活的人,都能吃到我们做的健康而美味的菜品的追求。这些思想深深地烙在了每一个阿依来人的心里。

比赛结果固然很重要,但是大家通过比赛能够共同参与,共同成长,为了同一个目标,为了同一个方向,一起使劲的过程,哪怕再累,我相信大家也是快乐的。

如果工作只是为了工作,那一定是辛苦的、乏味的。如果有了奋斗的目标,如果为了梦想而工作,而努力,和一群志同道合的人在一起奋斗,我想即使再累,也是有趣的,也是快乐的。

就像一句广告语所说"人生就像一场旅程,重要的不是目的地,而是沿途的风景"。

今生能和阿依来相遇,能和阿依来的众多优秀的家人为伴,一起享受事业、人生旅途中的"风景",我觉得,那才是人生最大的快乐。

我叫王金平,我爱阿依来。

工作的意义和价值

作者：李芳军

甘肃陇南人，现任中北镇店前厅经理。

座右铭：传递爱、创造喜悦人生。

我参加工作有10多年了，一直在探索工作的意义和价值，闲暇时也和同事、朋友探讨一下工作和人生。这辈子怎么过？如何把自己的工作做得更好，使自己的工作更有意义和价值？有人说：学点技术，挣一些钱，让自己的生活质量好一些就有意义。也有人说：让自己不断地学习、进步、成长，实现自己的梦想，让自己和家人过得更幸福，便是有意义。还有一些人说：服务更多的顾客，帮助更多的同事，给身边的家人、朋友、同事、客户带来温暖、开心和快乐，工作就更有意义和价值。这些观点我都赞同。同样的工作，关键看我们自己怎么去做，想法不一样，做法也就不一样，其结果也就不一样。

在之前的工作中，我的服务都是中规中矩，尤其是处理顾客投诉时，都会站在企业的角度解决顾客的投诉，总是想着别让企业"吃亏"了。学习完感动服务，我的观念发生了改变。一切以顾客的满意为中心，以顾客满意度为主，让顾客开心快乐，有一个完美的就餐体验，顾客开心满意了，下次还会再来。其实，不让企业"吃亏"也许并没有错。但是，从长远的角度来看,在和顾客"谈判"中,我们即使是赢了,但我们还是输了,因为我们输掉了顾客。

我的另一个体会就是尽可能地让顾客获得快乐。其实,当今的生活水平,顾客来到店里,不只是为了填饱肚子,更多的其实是开心。通过什么开心?美食、好的服务、好的环境,以及其他的附加值。给别人带来开心和快乐,是这些当中的重中之重。因为,没有了好的心情,菜做得再好,也会变得没味。

比如,在工作中只要听到小朋友哭闹,我就立马拿上玩具逗小朋友开心,和

李芳军,现任中北镇店前厅经理

小朋友玩。小朋友开心了,大人也就开心了,自然就会认可我们。

有一件事给我印象特别深刻。在红旗路店一楼五区,一家三口来吃饭,我在巡台的过程中,看到有个三岁左右的小男孩哭闹,就立刻给小朋友拿了一个玩具逗小朋友玩。不一会儿小朋友又哭了,我就再次过去询问小朋友怎么又不开心了,原来是小朋友把臭臭拉到了地上。当时我犹豫了一下,是我自己清理呢?还是找别人清理呢?姐姐(顾客)说"不好意思

啊，搞得这么脏"。我回答说"没事的"。我二话没说，拿了手纸、清洁剂等工具立即就进行清理，最后又消了毒。顾客看到我这么麻利，而且一点也不嫌弃，连声道谢。我说"没关系的，这都是我们应该做的"，小朋友开心地笑了，顾客开心地笑了，我也笑了。

有一天我在巡台的过程中，有个漂亮的小姐姐端着一块蛋糕，走到我跟前说："经理，这块蛋糕是留给你和服务员的。"我连忙说："谢谢姐姐，不用了，谢谢您的好意。"小姐姐说："这是我的一点心意，今天的生日让我很感动。"原来是这位过生日的小姐姐在我们店里用餐，我带着伙伴们给小姐姐唱生日歌送祝福，当时小姐姐很惊喜，同桌的其他顾客都非常开心，纷纷拿出手机拍照录像。给小姐姐唱完歌送完祝福，我从她的眼神里看到了感动。晚上下了班，我把蛋糕分享给了伙伴们，大家都非常开心，这块蛋糕格外香甜。因为，你把爱传递给了别人，别人也会把爱传递给你，你把快乐传递给别人，别人也会把快乐再次返还给你。

快乐，是最美的味道。

创造快乐，获得快乐，其实都很简单，就看你想不想去做。帮助别人会获得快乐，付出会获得快乐，心胸宽广会获得快乐，知足感恩会获得快乐……

快乐，是人生的追求，更是生活与工作的终极价值与意义。

我爱阿依来，每天快乐来。

阿依来，快乐来，幸福来

作者：姜辰
新疆喀什人，现任采购部总监。
座右铭：克己慎独，明善诚身。

"中国总有一批勇敢的人在保护他们"，这句话出自美国前国务卿基辛格，而每每回想起疫情防控期间，姜总（阿依来老板）的一举一动，再联想到上面这句话，我都不禁心生敬畏……

故事还要从2020年年初这场突如其来的全球性疫情开始讲起。

那是1月下旬的一个下午，作为阿依来采购部的负责人，我接到了姜总的一通电话，电话内容总结下来只有一道工作指令："通过各种保证食品安全的途径，不论花多大代价，购买米面、蔬菜以及肉类，以此保证每一个阿依来人的温饱！"当时正在休春节长假的我，不免会有些自己的疑虑，因为受疫情影响，按照当时的市

存放在冷库内的各类蔬菜

场行情来说，此时此刻购买这些物资就是天价，更何况是大量购买。而姜总的态度异常坚决，所以我就开始紧锣密鼓地联系各个渠道的供应商，想方设法购买各类物资，并且合理地存放在冷库内。

存放在冷库内经过真空包装的各种肉类食材

为了预防食材损坏，姜总要求我们每天安排专人对仓库内的食材进行检查和登记，并且以照片的形式进行实时汇报，以确保大家能吃到安全新鲜的食物。并且按照与每店人数相应的数量进行冷链配送，以确保所有阿依来人的三餐尽可能营养丰富，以增强大家的抵抗力。此外，由于当时疫情局势紧迫，口罩酒精等消毒物资已经千金难求，姜总动用了身边一切资源，从日本、泰国、美国等地不断购买进口口罩及酒精以供所有阿依来人使用，并且为了鼓励大家，他坚持亲自前往各店送口罩，这些我们都看在眼里，心

姜总在中北镇店为大家配送口罩等物资后与大家分享疫情防护

中唯有感激和敬佩，也为自己能身在这样的企业而感到庆幸、开心……

相信大家还没有忘记当时的外部环境，包括餐饮在内的大部分企业，都在大批量裁员减薪，甚至支付一笔微薄的遣散费后就对员工不再负责，类似的事件层出不穷，而此时此刻的我，为身为一名阿依来人而感到幸福和快乐，感到骄傲和自豪！

姜总在红旗路店内与大家分享疫情防护

与此同时，姜总还第一时间在群内发布公告，所有人的工资及股东奖金正常发放！并且告知所有目前在阿依来还未回家休假的以及因为疫情原因想申请离职的员工，可以在疫情防控期间继续留在阿依来各门店，大家的吃住以及消毒设施，全部由企业无偿提供，直至疫情状态安全后随时可离开！除此之外，当时我记得很清楚，收到这条公告的第二天，就有很多阿依来人纷纷自愿将自己的当月薪水捐献给公司，以帮助公司渡过难关，而姜总在拒绝了大家后，为此事在微信里给大家统一发了一段语音，总结起来就是：疫情防控期间，每一个出门在外的人都很难，而对大家来说，很多人可能就是一个家庭的经济支柱，一个月的工资对他们的家庭来说可能至关重要，所以婉言谢绝了所有人对企业的资助。而事后到了4月份我们才知道，为了应对疫情，姜总不得已将自己的房产进行了抵押，

我是快乐餐饮人
阿依来，快乐来

以此保证我们阿依来人所有的生活物资能够得到充足保障！要知道当时的大环境，其实对每一个餐饮人来说都是九死一生，就连西贝这样的巨头，都在媒体上承认资金链只能维持三个月支出。

当前位置：首页 > 趋势 > 正文

西贝称现金撑不过三个月，中国餐饮行业现状如何？

2020-02-03　Fann　艾媒网　　阅读 18536

摘要：2月1日，西贝餐饮董事长贾国龙接受媒体采访时表示，目前全国60多个城市的400多家西贝门店基本暂停，只保留100多家外卖业务，预计春节前后的一个月损失营收7-8亿元，倘若疫情在短时间内得不到有效控制公司即使贷款发工资，可能撑不过三个月。

为了提高大家对疫情的警惕性，姜总还要求每个门店每天在门店以及宿舍严格执行公司制定的疫情防范机制，严格管控所有人，按时测量体温及建立各类登记表。

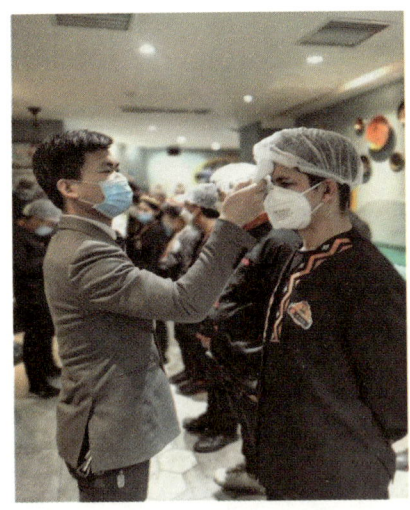

部门负责人给员工测量体温

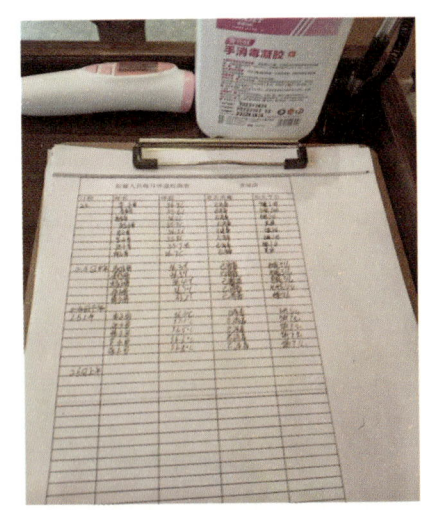

各类体温登记表及消毒记录

各部门岗位配备的随身携带的酒精

疫情防控期间的宿舍卫生标准

疫情防控期间各类门店、宿舍体温卫生检查登记表

因为疫情防控期间的特殊性，所有阿依来人在生活和工作中互帮互助，而且在姜总的倡议下，各种文娱活动也丰富了起来，阿依来举办了第一届线上演讲比赛，而且大家每天也通过不同的方式在宿舍内做体育活动，整个阿依来人由此拧成了一股绳，团结、乐观、快乐地度过了一个个难忘的日日夜夜！

我是快乐餐饮人
阿依来，快乐来

阿依来人在宿舍内锻炼

正如我开篇提到的那句名人名言，对于所有阿依来人来说，姜总就是我们心目中最勇敢的人，是我们所有人的英雄，这里的勇敢，还指有社会责任感、企业责任感，而我们的国家，正是因为拥有成千上万像姜总这样的人，才能取得这次疫情防控的胜利！可能每一位英雄的战场和贡献方式不同，但他们都是这个社会、这个国家最需要的人！因为他的付出，让我们所有的阿依来人更平安、更幸福、更快乐地度过了这次疫情，而作为每一位阿依来人，我们收获了内心的成长和给彼此带来的快乐，这种弥足珍贵的快乐的经历，可能一辈子只有一次，但我相信阿依来最让大家留恋且珍惜的，就是这种快乐阳光的氛围，每个人都是传递爱和快乐的人……

现在回看当时大家一起经历疫情时的点点滴滴的照片和视频，内心暖暖的，因为每一位阿依来家人的脸上都洋溢着快乐、积极向上的笑容，我相信当时的他们一定是发自内心地感受到了这种快乐和温暖，而这份

快乐和温暖也让我们铭记在心!

在阿依来,我应该算是个老兵了,近7年与企业一路走来,除了自身的快速成长外,我也在这里实现了物质上的满足和财务自由,用姜总的话来说,尽管这还远远不够,但我觉得这7年我最深切的感受,是这里的氛围,这种包含爱和快乐的氛围,这是阿依来的灵魂!而这种快乐的文化,这种快乐的氛围,深深地吸引着我。

阿依来,快乐来。它不仅仅是一句话,它更是一种文化,一种能量,把快乐的能量传递给每一位阿依来人,每一位顾客心里,最终传遍世界每一个角落。

5S整家——千锤百炼

作者：田卫平

陕西西安人，现任奥城店店长。
座右铭：谦虚谨慎，务实从严。

不凡始于平凡，我坚信无论你有怎样的成长经历，认识这样一群普通而又不平凡的年轻人，都不会让你失望。

一、忐忑

2019年10月8日奥城店正式开始装修，在此之前我们的姜总、孟总（阿依来老板）做了一个重大决定——奥城店要做5S（餐饮环境管理系统）。第一次听到奥城店要重新装修、要做5S时，我兴奋得好几天都睡不着觉，一直在幻想着装修以后的模样。而一想到5S是餐饮界管理的最高标准，内容细致到涵盖方方面面时，我心里就有些不安。我们能做好吗？

从装修前期委员会议，到装修期间小伙伴们集合在公司召开的小组会议，每当看到大家认真地探讨新的物品构造时，我的信心又回来了。世上无难事，只怕有心人。虽然我们是第一次做，但只要我们全力以赴就会有收获。

就这样，白天我在店里盯装修，晚上回去摸索设计，慢慢制定标准和方案。那时候店里的小伙伴们虽然被分配在各个门店帮忙，但是一休息

就回来店里看装修的进度，兴致勃勃地讨论着装修后的好处。关于5S的会议很多，但是这些会议并没有让这些孩子感到厌烦，反而更加兴奋。看到大家的兴奋劲，我的心慢慢开始稳定下来，少了刚开始的不安，多了自信与希望。

二、暗室逢灯

虽然大家的积极性很高，但是现实还是啪啪打脸。因为店里的小伙伴是第一次接触5S管理系统，当大家把学到的东西真正运用到实际工作中时，发现竟不知从何下手。就在大家手足无措时，我们奥城店被三个"太阳"照亮了，姜总、孟总给我们派来了强大的后援部队——管理公司的康健、张磊、闫蓓萱三姐妹。正所谓巾帼不让须眉，这三位后援部队别看都是女孩子，可她们的到来就像太阳一样，为店里的伙伴驱逐了黑暗，照亮了前行的路。

为了让5S更快更有效地落地，这三位姐姐天天扎根在奥城。早上我刚来店里，就看到她们已经在一楼忙起来了，记录的记录，打电脑的打电脑……三姐妹中的张磊，因为怀孕八个月临近生产，我们一直都不敢让她加班，每次都要把她"撵走"。店里的小伙伴们没事的时候总喜欢围在她们身边，还美其名曰：小姐姐又能教我们东西还能一块玩，一举两得的好事。我笑了笑没说话，她们说的我又何尝不知。5S是一个很费劲的大工程，每天大家都在绞尽脑汁地思考怎么样才能做得更好。可是，正所谓痛并快乐着，大家的积极性因为这三位后援的到来更是达到了高潮。她们虽然是女孩子，但做事一点不输给男孩子，平时在店里帮忙的时候，更是以身作则，并告诉伙伴们应该怎么做，为什么要这么做。

康健是一个非常认真的姑娘，从5S开始到现在，她会跟进每一个部门的细节施工，那些工人做得不好的时候，她还会自己动手。之前门店的电线都是随便吊着的，她看到之后用线卡子把电线整理在一起，这样

看上去更整齐了。而从厨房到前厅,每一个部门每一件物品都有了固定的"家",物品的最高最低存量也有了标准。标签的粘贴,给大家的工作带来了极大的便利。而这些数据是通过大量的计算和我们后援三姐妹的手一个字一个字打出来的。标签细致到字体大小、颜色、尺寸大小都做到了统一。

大家在大变样环境中,工作更方便了,笑得也更开心了。

三、乘风破浪

没有最好,只有更好。毕竟是第一次做5S,虽然大家都全力以赴地去做这件事,但是每次到真正检查时,不管是大家长姜总、孟总还是专业人员到店检查,我们依然存在着各种各样的问题。

万幸的是,大家的心态都比较好。即使面临着重重困难,但大家都清楚,每一次问题的指出都是在帮助我们更好地成长。从新店开荒(开业前的卫生清理),到餐位桌数的安排与分布,从原材料的要货数量到人员的调配,从打造清凉厨房到开餐不动刀再到无水厨房。天翻地覆的变化都是我们面临的挑战,在奥城店工作过的家人可能知道之前的厨房一到夏天简直不能进人,又热又闷,而现在的清凉厨房让后堂

的小伙伴们欢呼雀跃。所以，虽然改造的过程很难，但大家一想到改造后的环境都一一表示值得。那时候，我是欣慰的，因为我有一群"懂事"的小伙伴，他们每天都开开心心地在店里整改错误的地方。有的家人说："第一次觉得，原来'查找错误'也可以让人感到快乐。"

四、苦尽甘来

通过一次又一次的检查和整改，在今年，我们终于成功将5S落地成功。店里的伙伴争先恐后地将这个消息告知身边的小伙伴，脸上洋溢着骄傲又自豪的神情。而这次门店大改造，更是让店里的小伙伴们体验感爆棚，满足了大家对改造后的幻想。店里的小伙伴们自从装修后，一直骄傲地说：一想到我是阿依来人，我每天能在这么好的环境中工作，我就忍不住地开心。每天看到朝气蓬勃的笑脸，我也情不自禁地开心起来了，现在的变化是我以前想都不敢想的，也只有姜总、孟总有如此大的魄力在疫情防控期间这么困难的情况下投入巨资打造出如此优秀的厨房和门店。

早上好，阿依来，快乐来，"啪"一个清脆的击掌声。这是我们的小伙伴在上班前和工作中所采用的一种独特的打招呼方式。优美的环境，便捷的工作方式，极大地方便了大家的工作。我们每天都沉浸在这种因为便捷、高效而带来的轻松快乐中，让工作变成了一种享受。

"阿依来，快乐来"这句话，不仅仅是一句口号，更是我们的一个目标。让每一个员工快乐，让每一个顾客快乐，让我们的工作快乐，让我们的事业快乐。

阿依来，快乐来。欢迎大家，到家来。

恰巧的缘分

作者：张记

河北邢台人，现任金钟河店厨师长。

座右铭：只要努力，定能成功。

　　人才到处有，难得的是相遇和拥有，恰巧的缘分到我手。

　　他叫伊刚，东北沈阳人，今年21岁。虽然年龄不大，但是，他的心智和思维、经历和阅历不同寻常，本是21岁的懵懂少年，说他具备31岁成熟人的心智一点也不过分。

　　说到缘分，还要从2018年开始讲起……

　　初夏堪比盛夏，2018年的夏天在我的印象里格外炎热，天热得连蜻蜓都躲避着阳光贴着树荫飞去，生怕阳光灼伤了翅膀一般。一提到2018年的盛夏除了火一般的温度、那几首满带回忆的旋律，以及即将开业的金钟河店外，让我最能想到的便是他的加入。

　　他是2018年7月来到阿依来这个大家庭的。炎热的夏季和我们即将开业的金钟河大街店，带给我们每一个人兴奋和紧张感，作为"前辈"的我们，迎来过很多金钟河大街店家人到店学习。作为金钟河大街店开业洪流中的一员，他当时就在中北镇店烧烤岗位学习。在中北镇店学习期间，我们相互都觉得对方很不错。学习的时间总是短暂的，在这短暂的过程中，我产生了一个念头：这个男孩还蛮不错的，要是能留下来就好了。

一个多月的时间过去了，2018年这个夏天的太阳仿佛格外嚣张，用它那更加犀利的眼神死盯着整个地面，伴随着炎热的盛夏来临的唯一一个好消息就是，金钟河店马上就开业了。这意味着我们马上要送走来学习的家人，当然也包括他。就在学习结束要去新店时，伊刚找到我说："记哥，我觉得和你相处得挺好的，咱俩也蛮聊得来，我想留在这个店，你看是否可行？"我听到他说要留下来的那一刻，内心很是欣慰。我当时真的很想把伊刚留在

伊刚

我们店，但是我一再告诉自己不能这样。为了我们之间的友谊，我就告诉他，金钟河店如何好，金钟河店的厨师长如何好，伊刚顿时就明白了我的意思。只说了句："记哥，我明白了。"然后笑着对我说："我去新店。"

他在新店待了半年多后，因为家里有事，辞职回家了。2018年11月我被公司调到金钟河店任厨师长。2019年1月伊刚跟一个在这上班的同事聊天时，提到我在这个店当厨师长，那个同事告诉伊刚说：目前我们店缺个烧烤中工呢。伊刚听到说我在这，正好又缺个烧烤中工，当天晚上

就坐火车再次来到金钟河店,到了店里又悄悄来到后厨找我。当时那种心情就像"久旱逢甘霖",我们聊了很多,第二天我带着他很高兴地办了入职。

到目前为止,我和伊刚已经合作两年了,我为什么说他是人才呢?重点在这里:伊刚年龄小,学的东西却不少,在他这个刚刚成年的年龄,能有这种心智的很少,所以我称他为人才。

伊刚有很多小才艺,比如素描、果酱画、雕刻、制作各种点心……伊刚的素描画得很好。阿依来刚开始做5S的时候,要做断舍离,以及工作整体性的整改,他提前买了个素描本子,有了构思后直接把它画出来,就像在

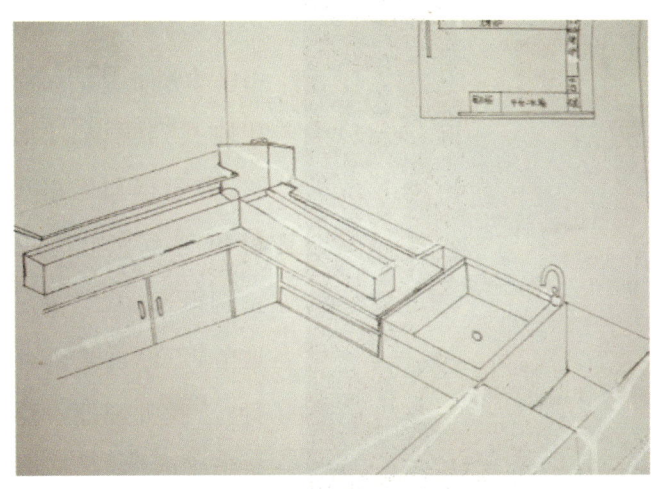

电脑上画的图纸一般。毫不夸张地说,堪比专业工程师画的图纸。当时我看到后眼前一亮,不敢相信这是一个烧烤中工画出来的。全厨房的人看到图纸时,都对他各种称赞。

有一次我们的设备合作商来门店,看到伊刚画的图纸后,更是眼前一亮。设备供货惊讶地问我:这是谁画的?我说是我们员工画的。设备合作商说:"人才啊,让他跟着我干吧,我们正好缺个画图纸的人呢,这么有才干厨师岂不是屈才了吗……"

在阿依来提到育人学校,大家就能想到导师训和王老师,因为只要上过导师训的阿依来人,就会有很大的收获和转变,我们的烧烤负责人

伊刚,就是在导师训成长起来的。我在伊刚身上看到了一种永不服输的精神,做什么事都要比任何人做得好。上期导师训因为某种原因没有成为冠军小组,他当时就说:明年导师训,我会竭尽全力拿第一。我相信,在他的带领下,本期导师训冠军一定非金钟河店的源动队莫属,这将是金钟河店的荣耀。

伊刚的再次回归,给我的工作带来了很大的帮助,伊刚在烧烤岗位上,出品质量和部门卫生是我最放心的。交代给他的任何工作他都用心地第一时间去完成,并经常提一些合理化的建议提升工作效率。同时,伊刚还是一个外向活泼的大男孩,因为他是东北人,所以非常能讲,平常在团队中很能够活跃气氛,简直就是一个开心能量站。

工作是辛苦的,生活是艰辛的。但是,在生活和工作当中,有一些人就像你人生旅途中的风景,让你舒心,让你快乐。就像伊刚这样的伙伴一样,每天工作中有他为伴,真的是一件快乐的事。

因为有你，心存感激

作者：张贝贝

陕西渭南人，现任研发部炒锅师傅。
座右铭：心中常存感恩，心路才能越走越宽。

生活的意义在于生活本身。世间万物但凡经过，那就一定会留下痕迹。就像马尔克斯书中提到的一样：生活不是我们活过的日子，而是我们记住的日子，我们为了讲述而记忆重现的日子。

（一）初出茅庐

2015年年初，刚刚从学校出来的我，带着对外面社会的好奇心来到了天津。但外面的世界和我想的并不一样，经朋友介绍，来回辗转过几家门店，但都不尽如人意。直到我站在阿依来新疆餐厅店门口时，我还在纠结要不要进去试试，最后好奇心还是驱使我推开了那扇大门。也正是那时，我找到了我人生中正式的第一份工作。而更让我开心的是在这里我还碰到了一位老乡：田总（奥城店店长）。

（二）丰衣足食

来阿依来已经有五年多了，在这里工作，真的比在家里还舒服，让我完全打消了工作辛苦、在外漂泊的顾虑。在这里，我不仅可以学习技术，增长见识和能力，还被养得白白胖胖的。

1. 营养丰富的员工餐

我们的员工餐的品质可以和顾客吃的品质相提并论了，这样说一点不过分。经常会有顾客看到我们桌上的员工餐饭菜时，开玩笑地说：你们阿依来的伙食也太好了吧，赶明儿再招人我也过来当员工。这句话不假，每天的伙食从早到晚都是店里的员工用新鲜的食材现做的，有荤有素，有鱼有肉。根本没有所谓的员工吃剩饭一说。

还记得大家长曾说过：我们不吃的东西不会让员工吃，更不会让顾客吃。要吃就吃好的，不吃剩下的。除了每天丰盛的饭菜，店里的福利更是多到让人难以置信，而我也是后来才知道，不是所有的饭店的员工餐都这么丰盛。

2. 欢聚一堂——爱的释放日

独乐乐不如众乐乐。每个月能把大家召集在一起欢声笑语的"阿依

来爱的释放日"成了大家翘首以盼的重要日子。每当这时候前厅后堂的家人都会齐聚在一起,看着面前摆满的一桌子的美食,可以尽情地聊天畅饮,这也是最开心惬意的时光了。更让人惊喜的是,店里还会把当月过生日的伙伴召集一起,为他们准备生日礼物,共同庆祝。而我很幸运地在这里度过了一个又一个生日,每一年过生日的形式虽说各不相同,但留下来的美好和快乐都是相同的。说实话还是第一次在外面有那么一群小伙伴围在一起庆祝生日,大家忙着聊天,说到兴奋处还会哈哈大笑,正是这种氛围,让我慢慢地喜欢上了这里,我开始明白这些都是工作之外的福利享受,也是因为这么多的福利,让我知道了感恩。

3. 带你去旅行

凭你自己的能力能出国旅游吗?在我没来阿依来之前,我想都没想过,我在21岁之前还能有机会去国外转转。庆幸的是我来到阿依来后,在大家长给予的福利下,门店的小伙伴们能够成群结队地去国外游玩。你看,在这里不仅能够学技术,帮助自己成长,还能吃得白胖,还能给你钱、带你出国游玩,这种天上掉馅饼的好事被我遇到了,这种有爱有情有义的好企业被我遇到了,你遇到了吗?我庆幸我遇到了。

(三)安居乐业——喜欢自己的工作

环境对一个人的影响真的非常大。每天像生活在蜜罐里一样,做事、学习手艺都很得心应手。

第一次出入厨房的我,带着对岗位的好奇心和陌生感来到了面点房,在师傅的带领下,我开始了成长的第一步,学习面点。也正是这次学习之旅让我对家文化理解得更深刻。即使我什么都不会,还经常出现错误,我的师傅也并没有因此而责怪我,而是更加尽心尽力地把技术传授给我。这种每天被人帮助教导着学习手艺的样子像极了在家辅导我写作业的父母。

即使每天做的最多的是搓面、揉面,弄得满身都是面粉,但我还是乐在其中。当我独自完成第一份点心时,更是高兴地给家里人打电话,拍照片炫耀我的作品。也许生活就是这样,每个人的第一次总是那么珍贵,第一次做成的点心更是让我喜欢上了这种成就感。而我对这份工作的喜爱程度越发强烈。

年轻人容易心浮气躁,在面点房学习了一年多以后,当时的我已经可以独当一面了。这时候我的工作仿佛到了一个瓶颈期,在面点房已经没有刚开始的兴奋了。于是我就开始在厨房转悠,猛然间看到炒锅师傅在装盘,看到盘子里热气腾腾的菜肴,看到师傅们热火朝天地在灶台前忙碌,脑海中回想着妈妈在家里煮饭的场景时,我的眼睛亮了,我要当一名炒锅师傅。

你的思想决定着你的行为,你的行为决定着你的结果。因为有了当炒锅师傅的目标,我开始了我的计划。从练习刀工到砧板,从打荷到学习摆盘,从学习菜品制作方法到跟在师傅后面学习,终于在2018年的时候开始尝试上灶台炒菜。虽然过程很漫长,但真是在繁重的过程中寻找到了快乐,也正是这个过程让我学会了更多的技术。这个时候的阿依来已不仅仅是我工作的地方了,更是我成长的家园,它让我懂得了感恩。

(四)安身立命——精神有寄托

平凡铸就了不凡。大家长看起来和我们一样,都是普通人,不同的是,他们用自己全部的爱来呵护我们这些没有血缘关系的"孩子"。他们

我是快乐餐饮人
阿依来，快乐来

不仅教我们学技术，更教我们学做人，做好人。如果说掌握一门技术是学会了吃饭的本领，那思想上的变化就是如何耕种粮食。在这里，我快乐的源泉不仅仅来源于学会的本领，更多的是精神上、思想上得到的满足。

在阿依来，大家长请来了一位王老师，他是阿依来的品牌顾问，也是阿依来家族导师班的培训老师。虽然导师训每期只有半年时间十节课，但坚持下来也需要毅力。而我在导师训坚持了五期。很多人好奇地问我：你为什么要上那么多次呀？躺着休息不好吗？每当听到这句话时，我竟莫名觉得好笑，你现在舒服一阵子，以后真的是要辛苦一辈子了。导师训教会了我很多做人的道理，教会了我很多做人的智慧。而我是最大的受益者，我本身就是一个内向不敢跟外人说话的男孩，而导师训带给我最多的就是获得了站在众人面前说话的勇气，同时学习了心态调整，也能够让自己在工作生活中不急不躁，通过专业的方法，可以让自己少发脾气，少生气。其实，少发脾气、少生气，这本身就是人生最快乐的事。所以，你看，在阿依来这里获得的财富难道不比你手中的钞票更值钱吗？

（五）懂得感恩，应有尽有

阿依来——造梦者的家园。在这里，你不仅可以有想法，还可以通过你自己的努力和平台的培养，成就你的想法。在这里，紧随阿依来的脚步，你不会丧失自我，反而会在平台的带动下走得更远。你挣钱了会开心，掌握了一门技术会开心，学会了为人处世的一些方法会开心，有好的生活会开心，好的老板也会让你开心。当你把学到的东西更好地运用并展示出来后，你会发现成就你的不仅仅是时间，而是环境。所以，你要感谢的不是自己，而是成就你的恩人——阿依来。

跟随阿依来，我的快乐来。

客人眼中的阿依来

作者：姜亮

河北石家庄人，现任管理公司行政部推广。

座右铭：不为失败找借口，只为成功找方法。

    阿依来从来都是把顾客放在最重要的位置上。我从2015年年底来到阿依来就负责建立客情关系，我们建立了阿依来公众号，2017年开始接触一些顾客成立粉丝群。截止到2020年10月，我们已经拥有近8万的公众号会员和将近1万名粉丝群顾客。这些年有很多顾客与阿依来建立了深厚的感情，顾客在阿依来得到的不仅仅是一道美食，还有一段开心和快乐的时光。

    马超、穆爷、娜扎等，这些名字是阿依来每个人都熟识的。我们知道，从顾客角度上看阿依来，可能比我们自己看到的更加全面。今天我讲述的就是穆爷与阿依来的故事。穆爷看名字有点像男生，但实际上却是一位性格开朗、至情至性的大姐姐。以下就是穆爷眼中的阿依来：

    大家好，我是穆爷。2014年我家门口开了一家餐厅——阿依来，那时候天津市都没有几家像样的新疆特色饭店，我一直没来这里吃过，但这里一直爆满的营业状态总是让我跃跃欲试。

    我与阿依来的缘分结识在2015年年底，那年的年节聚会人数比较

我是快乐餐饮人
阿依来，快乐来

多，为了选一家合适的餐厅让我非常烦恼。后来因为离家近又有合适的大包间，就把聚会地点选在了阿依来。正巧那时候店里正在做会员大酬宾，活动超优惠。我们办卡充值后，送了"两只羊"啊。别误会，不是咩咩叫的真的小羊，是阿依来专门为请客的顾客研发的大菜——全羊宴（阿羊羊和阿小羊）。

2017年推出的产品——阿依来全羊宴

当时宴请的几位同事还在想：赠送的菜能有多好？结果"阿羊羊"上桌的时候，惊艳四座。每位同事都被震撼到了，纷纷拿起手机进行拍照，我也开心得几乎要当场跳起来了。这场宴请简直给我挣足了面子。这是阿依来给我的第一份惊喜。

转眼夏天到了，夏天的天津人其实是非常喜欢撸串的。每到夏天，马路砂（锅）遍地开花，烤串和海鲜就是天津夏天的必备搭配。我作为一个天津娃娃，每周怎能少了撸串呢。自从吃过阿依来之后，我终于知道啥叫好吃的羊肉串了。"（口感）鲜、（气味）香、（肉质）嫩、（肉串）大"就是阿依来羊肉串的特色。每周回"家"吃串成了我的日常习惯，因为有了阿依来的陪伴，每天晚上就多了一份快乐。一想到下班就能撸到香喷喷的羊肉串，我整个人都兴奋了起来。

2020年1月底疫情来袭，人们的生活被打乱了，居家生活成了常态。不擅长做饭的我可惨了，每天都是馒头就米饭也不行啊！听说因为疫情，房租和工资的压力骤增,很多餐馆都不营业了,但是阿依来却坚持着外卖营业。跟其他餐厅不一样的是,阿依来没有涨价,而是在承担着社会责任不断降价。2月初疫情刚大规模暴发的时候,市场上菜价飞涨还买不到新鲜蔬菜,阿依来在大幅度降价的同时,每天还会赠送一些新鲜蔬菜或者直接赠送一些炒好的菜。我记得当时外卖里还有一个"安心卤蛋",价格只有1元,这个价格就算在早点摊儿上都

2020年8月,穆爷给阿依来伙伴赠送她亲自采摘制作的香囊

买不到了。虽然疫情让我心惊胆战,但每次拿到这颗带着温度的卤蛋时,心里也都是暖暖的。直到现在,我仍然隔三岔五就要点阿依来的外卖。当然,阿依来挺过来了。这种有担当的企业,为顾客负责,为员工负责,为社会负责,也让我对阿依来萌生了一种敬意。

3月底疫情缓和,阿依来可以堂食了,并且开始了新的运营模式。微信组建家人群,我有幸真正和"家人"们相聚一起了。刚进群就听说了"金牌评审官"的活动,那咱们就来试一试运气吧。结果4月第一期我就中奖了:免费双人套餐。公布名单时我还在办公室上班,一下子就开心地笑出了声儿,同事们都用嫌弃的眼神看向我,而我心里却乐开了花儿。这运气也是没谁了吧,赶紧约上家人聚一聚,这份幸运当然要和家人分享。哈哈,万万没想到的事情又来了,你猜是啥?5月份的评审官又把我抽中了。我当时双手紧握在胸前平复心情:我就是"阿依来金牌锦鲤"啊。从此我的

阿依来锦鲤之旅正式开启，群里的"大转盘活动""直播抽奖""一元秒杀"……大奖小奖我都能中。我甚至还亲自参加了阿依来的直播，这在以前都是无法想象的。这段经历让我感觉，我在阿依来就像开了挂一样。

随着时间的推移，阿依来的家人群越来越壮大，大家原来都不认识，通过群互动很多人都变成了好朋友，娜扎、靓姐……还有纯朴热情的老板娘和店员们。为了感谢阿依来的小伙伴，我亲手采摘薰衣草花籽制作了祈福小福袋送给这些可爱的店员，希望他们也能够开心快乐、健康平安。相遇便是有缘，缘分就是这么妙不可言。

我很喜欢阿依来，因为阿依来带给我不可比拟的快乐。阿依来真的就好像家一样，在家吃饭当然是又幸福又快乐的事情了。

阿依来作为一家餐厅，带给我的竟然更多的是快乐，相信也有一批跟我一样享受到快乐的顾客会一直支持阿依来前行。

因为，阿依来，快乐来。

——穆爷

与其说穆爷是个"客人"，不如说她是"家人"。当然还有一连吃了我们五年，就餐频率一度超越老板娘的马超大哥，粉丝群里互动超过管理员的娜扎小姐姐等，都把阿依来当作自家食堂，还有买就餐券发给自己员工做奖励的靓姐……

太多太多的故事一直环绕在阿依来的粉丝中。

从2015年开始，阿依来一直在默默地为承德山区的孩子做助学公益，我们是想通过自己的努力，让山区的孩子也能得到快乐和幸福。虽然没有正式对外宣扬过，但粉丝晨曦、菜花、桑葚、莫妮卡和靓姐通过我个人筹款的朋友圈知道这件事后，也都主动帮孩子们筹集钱物，在自己能力范围内为山区的孩子提供力所能及的帮助。事后我在给大家做发放反馈时,参与资助的粉丝们的心情也是既快乐又兴奋,有粉丝还强烈要求下次带他们一起去。

阿依来一直在做的都是这样传递快乐和爱的事情,也正是因为阿依来的价值观,让更多的顾客认同了我们。而我自己作为阿依来快乐的传递者,也

2020年8月,穆爷降临阿依来直播间

享受着因传递快乐而带来的快乐。

粉丝就好像家人一样,一家人生活在一起,最重要的不就是快乐吗?当这份快乐在餐桌上被表露出来时,就是一张张笑脸,一片片笑声。而我们的愿望就是:在阿依来吃饭,就是在家吃饭。在家吃饭,就是安心的,就是幸福的,就是快乐的。

快乐,是世间最美味的调料。

阿依来,快乐来。

阿依来企业文化助力歌

【字意篇】

阿依来　阿字意，阿爸阿妈多亲昵

阿依来　依字意，抱团取暖唇齿依

阿依来　来字意，立即行动执行力

阿依来　家字意，美好前程在一起

【总纲篇】

阿依来　我的家，努力打拼为了家

家兴旺　我发达，接来妻儿和爸妈

学本事　懂规矩，十条家规牢牢记

重服务　保出品，百年品牌永相续

【使命愿景篇】

人一生　必立志，不立没有可成事

有使命　有愿景，人生从此有意义

有梦想　有目标，能力收入年年高

得大我　舍小我，责任格局成大道

为员工　创幸福，人旺家旺我知足
为顾客　创快乐，待客如亲惊喜多
为社会　创价值，回馈社会属本职
为企业　创辉煌，最受尊敬品牌强

【价值观篇】

价值观　是底线，为人处世看得见
互信任　守忠诚，守德做人不欺骗
有坚韧　成大我，传承百年为大伙
工匠心　必创新，天天成长真开心
遇难题　齐共创，共享成果互感恩
敬顾客　爱顾客，顾客永远都没错
爱家人　爱伙伴，你我相敬当模范

【口号篇】

阿依来　快乐来，持之以恒成就来
阿依来　快乐来，感动服务客人来
阿依来　快乐来，完美菜品好评来
阿依来　快乐来，你我携手辉煌来

阿依来企业文化迭代小记

阿依来这三个字,在维吾尔语里是"家"的意思。阿依来从诞生之日起,就一直打造"家文化"。让员工感觉像在家一样温暖,让顾客感觉像在家一样快乐……

阿依来的企业文化,从无形的理念,到有形的文字,还要追溯到2015年。

我是2015年来到阿依来任品牌顾问的。当时,姜总(阿依来老板)和我谈起要把阿依来的企业文化凝练成文字落于纸上。一方面是方便大家学习,另一方面也能更好地传承。于是,我在姜总、孟总(阿依来老板)对阿依来企业文化的介绍和对基层的调研基础上,于2015年5月8日正式完成了阿依来"初代"企业文化的编写。

当时的企业文化可谓是"全方面,多角度",内容覆盖了各个方面,如图所示。

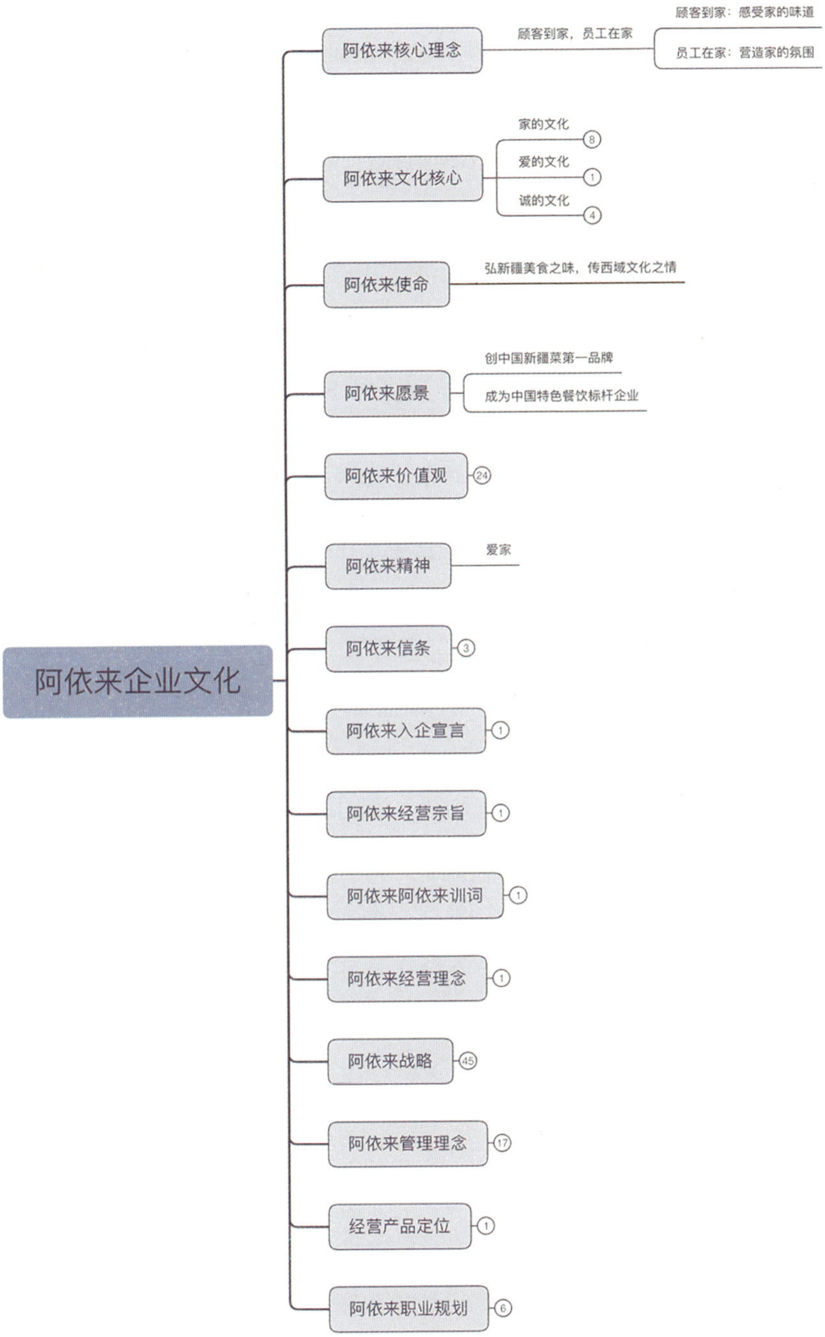

阿依来企业文化架构图

- 阿依来企业文化
  - 阿依来核心理念 —— 顾客到家，员工在家
    - 顾客到家：感受家的味道
    - 员工在家：营造家的氛围
  - 阿依来文化核心
    - 家的文化 ⑧
    - 爱的文化 ①
    - 诚的文化 ④
  - 阿依来使命 —— 弘新疆美食之味，传西域文化之情
  - 阿依来愿景
    - 创中国新疆菜第一品牌
    - 成为中国特色餐饮标杆企业
  - 阿依来价值观 ㉔
  - 阿依来精神 —— 爱家
  - 阿依来信条 ③
  - 阿依来入企宣言 ①
  - 阿依来经营宗旨 ①
  - 阿依来阿依来训词 ①
  - 阿依来经营理念 ①
  - 阿依来战略 ㊺
  - 阿依来管理理念 ⑰
  - 经营产品定位 ①
  - 阿依来职业规划 ⑥

阿依来企业文化架构图

但问题来了,由于内容过于"庞大",所以,不易学,不易记,很难落实。最后,就和大多数的企业文化一样,变成了贴在墙上的一张纸、躺在抽屉里的一本书。好看,但不好用。

于是在姜总的要求下,在2016年9月8日,简洁版企业文化诞生了。

以下是简洁后的企业文化:

1. "阿依来"是维吾尔语"家"的意思。

2. 阿依来文化核心:"家"文化——凝聚小家、发展大家、报效国家!

3. 阿依来核心理念:员工在家,顾客到家!

4. 阿依来经营理念:共同创造,共同分享!

5. 阿依来全员信条:阿依来的荣辱,我的责任!

6. 阿依来的使命:让每一个热爱生活的人,都能吃到健康美味的新疆菜!

7. 阿依来的愿景:高品质新疆菜创导者!

时间就这样向前推进着,阿依来企业文化也在慢慢地践行与演化着。在此过程中,阿依来的企业文化又加入了工匠精神、感恩精神、创新精神。后来又补充了"阿依来,快乐来"这句口号定位(姜总原创)。又加入了百年老店等内容。

阿依来企业文化的羽翼在不断地丰满着。

时间来到了2020年9月,有一天我突发奇想,我想把阿依来现有的企业文化以图形的方式表现出来,这样做最大的好处就是直观,于是"阿依来企业文化矩阵"诞生了。

如下图所示。

阿依来企业文化

品牌注解 阿依来在维吾尔语里是"家"的意思，我们立志打造家文化

1、阿依来文化核心：爱。
2、阿依来口号：阿依来，快乐来。
3、阿依来愿景：员工快乐，顾客快乐，供应商快乐，合伙人快乐。
4、阿依来经营工具：5S系统，感动服务系统。
5、阿依来核心精神：感恩精神，工匠精神，创新精神。
6、阿依来价值：共创共享，志同道合，荣辱与共，
　　　　　　　　彼此成就，互信互利，共生共赢。
7、阿依来服务宗旨：家的感受，快乐体验，还想再来。
8、阿依来战略目标：百年老店。
9、阿依来竞争力：分享快乐。
10、阿依来价值观：不欺暗室。
11、阿依来经营理念：互信互利。
12、阿依来经营目标：成为顾客深爱的餐厅；
　　　　　　　　　　成为员工依恋的企业；
　　　　　　　　　　成为供应商最愿合作的企业；
　　　　　　　　　　成为合伙人最有价值的项目。

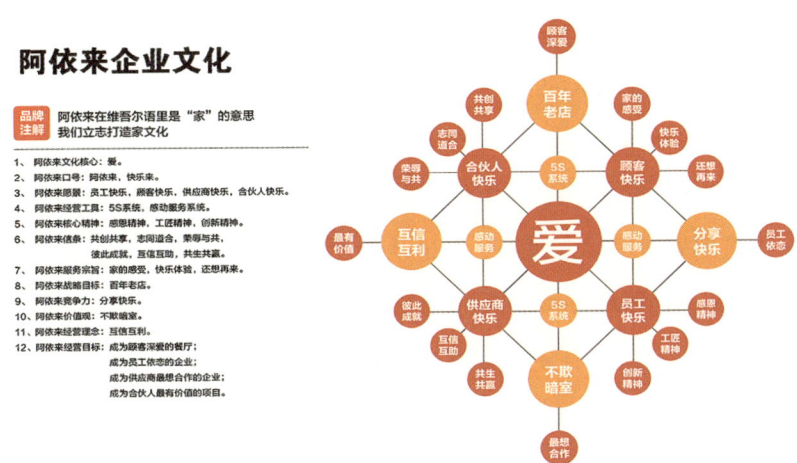

企业文化示意图

在2020年9月28日，姜总通过微信和我说，他听了一堂关于企业文化的课程，感觉很受启发，对我们阿依来的企业文化迭代一定会有帮助。所以要求我一定要去学习一下。

就这样，在11月9日，我和姜总、孟总一行三人来到哈尔滨一家叫偏脸子的餐饮企业去旁听企业文化课程。课程是由汉源餐饮大学的张总授课。我以前听过很多老师讲课，但是这种"共创"的课程还是头一次。

很幸运，三天的时间，我全程旁听了这堂课程。通过这次学习，我懂得了一个道理，这也是临出发前，姜总跟我谈到的：真正的企业文化，不应该像命令一样，上面领导制定好，传达下去机械地执行。好的企业文化，应该是诞生于基层一线，应该是基层一线员工他们每天所思、所想、所做的凝练，最后再通过集体智慧把它"共创"出来。因为是大家共创的结果，所以才"有血有肉"，所以才 "接地气儿"，所以才更容易落地。因为，这个企业文化，是大家自己的。

听了这堂课后，我就完全理解了姜总的想法，也深深地为汉源张总的博学与课程的精彩所折服。同时也非常感谢徐总，能给我们提供这次旁听的学习机会。

听完课程回来后,我立即开始准备我们阿依来自己的"企业文化共创"活动。我给它起了个名字——"共创赢"。

对于这次活动,我有很大的压力。因为我知道,企业文化可不是调整一些文字那么简单,它相当于一个人的灵魂,相当于一艘船的航图。所以,我倍感责任重大。还有,无论从个人学识,到授课能力,到对共创活动的驾驭,我都无法和汉源的张总相提并论,我最多只能叫模仿,还是表面的模仿。还好,有姜总和孟总给我做后盾,记得孟总课前跟我说:"你就放心大胆地去讲,放手去做,我们俩到时不也在课堂上嘛,不用担心。"有了大家长的鼓励,我心里就有底了。

2020年12月21日,这是一个美好的日子。通过一个多月的准备,在大家长现场的督阵与赋能下,在全体30多名阿依来精兵强将的共同努力下,属于我们每一个阿依来人的企业文化(使命、愿景、价值观),在历经两天两夜20多个小时的共创活动下,终于诞生了。同时,与以往不同的是,这次的企业文化,不仅有文字,还有图画。也就是"阿依来企业文化蓝图"。

绘制这幅蓝图，30多人用了近两个小时的时间。看着这数米长的画卷，不禁让我想起了小的时候，我们曾用蜡笔在图画本上绘制的未来。时至今日，那些画早已和我们已逝的青春一起烟消云散了，甚至很多人会留下遗憾：如果能让我再活一次，我一定要这样，不会那样，我一定去当一名飞行员，我一定去做一名医生……可事实是，人生不能重来。

而今天，对企业来讲，企业里的每一个人就相当于儿时的我们。上天又再次给了我们机会，绘制企业未来的蓝图。也许，这就是最后一次机会。所以，我相信，每一个绘制蓝图的人，都一定会全力以赴，去实现我们企业的未来，不要再像我们已逝去的年华一样，留下遗憾。有阿依来这么强大的团队，有这样一群志同道合的人。我坚信，这幅企业蓝图，一定能实现。

阿依来 阿依来企业文化蓝图

就此，阿依来2021版企业文化诞生了。阿依来企业文化完成了真正意义上的第一次迭代升级。这一切，不是终点。企业文化，就像一个人的思想，会随着企业的成长、企业的发展慢慢成长。一切只是开始，我也愿意和阿依来的家人们一起，践行企业文化，传播企业文化，迭代企业文化。用企业文化把阿依来装扮得更美丽，用企业文化把阿依来装备得更强大。

王衍东

阿依来品牌顾问

2021年1月23日